# 藍學堂

學習・奇趣・輕鬆讀

# 只買4支股，年賺18%

投資樂活大叔

## 施昇輝——著

不追明牌，不怕套牢，理財暢銷書作家施昇輝，退休13年，只靠4支股，每年輕鬆賺到18%，再透過累積配息抵銷股價波動，不論是退休族或小資男女，都可以在台灣穩賺長線投資的錢。

/推薦序/

# 只買4支股，就靠這2招

黑傑克

　　我這幾年都用0050給朋友報明牌，已經到了一提股票投資，自動就加上0050、0056當案例的地步。用指數基金當明牌，並非敷衍了事，而是吃好道相報，用0050、0056快速建立多頭部位，幫小孩做儲蓄，替未來累積退休金，甚至有機會對外演講時，不管對象是資深一族，還是在校的小青年，都用台股ETF（指數型基金）來壓軸。這麼熱中散播這產品的原因很單純，因為真的有效！

　　從資本市場賺錢的方法百百種，沒有一個像它這麼簡單易行。唯一的遺憾是這方法不是我發現的，而是本書作者施昇輝。持續拜讀他的投資心得分享之後，才改變我原先的刻板印象，驚覺到ETF就是金礦，不需要特異功能，只要願意照表操課，就可以長期穩定獲利。

　　股票ETF在投資上的優勢，特別是長期投資無可替代的地位已經有很多報導，在此不多贅述，就是強調一下施式投資法的特點。相對於配息率動輒5%、6%的定存股，0050提供的現金股息略

顯不足。爲了克服這個弱點，施昇輝在書中提供「K值小於20買進0050、大於80賣出0050」的簡單操作法，可以大幅提高報酬率。

K值是以平均數爲基礎的技術分析指標，讀者不必拘泥於細節。所有的股票操作軟體都提供這個數值，再不然請營業員提供也行。我們的責任就是以這個指標當紅綠燈，低於20的時候買，高於80的時候賣。其他時候以長期投資的方式持有，有多餘的錢就多買即可。這也是施式投資法的最大特點，簡單易行！

0056呢？因爲股息殖利率略高，但股性牛皮，所以操作更簡單，就是「買了，然後忘記它」。

因應越來越多的指數型基金，本書也提供進階操作方式。當投資人對風險承擔能力提高，想發展更靈活的操作模式，就可以升級到反向、倍數型的ETF。

投資理財很重要，但是有財力、專業知識、執行技巧等等很多重的門檻，阻礙大家踏上這條發財之路。施昇輝的方法，雖說罕見的簡單，但已經通過市場考驗，證明切實可行，連我家念中學的小孩都能輕鬆執行。

這條路很寬敞，歡迎大家一起同行。

（本文作者爲知名財經專欄作家）

# 一時貪，一生貧

很多投資人在檢討自己爲何總是賠錢時，幾乎都把原因指向
選股的錯誤，因而透過大量閱讀理財書籍、積極參加投資講座，
甚至努力鑽研各家公司的財務報表，希望增加選股的正確性，但
我卻認爲心態若不改變，這些精力都是白白浪費。其實大部分投
資人賠錢的原因，就是一個「貪」字，貪快、貪多、貪便宜，也
就是希望用最低的成本，在最短的時間內，賺到最多的錢。

## 貪快

你是不是希望今天買，明天就開始賺？所以就去買理財專
家、投顧老師、報章雜誌推薦的潛力股，但這些股票多半具有人
爲炒作的成分，而且投資人得到的幾乎都是最後一手的消息，結
果不論套牢、還是認賠出場，都是必然的結局。此外，很多人都
心存僥倖，即使股價已漲一大段，也奮勇搶進，以爲只要明天還
會漲，就一樣能賺錢，結果總是事與願違，賠錢收場。

## 貪多

你每年有爲當年的投資報酬率定下目標嗎？我相信大部分的

投資人都沒有，只是希望「越多越好」，因此每天都想進出，以為自己能夠掌握主流股的輪動，結果卻是抓龜走鱉，追高殺低。此外，資訊蒐集得越多，只會讓自己心猿意馬，舉棋不定罷了。什麼都懂一點，但什麼都不精，最後就是人云亦云，不知所措。

## 貪便宜

你是不是認同投顧老師最愛講的那句話「跌深就是最大的利多」，而去買那些號稱有轉機的股票？或是被「以小搏大」的訴求所吸引，希望用很少的錢去買期貨、選擇權、權證，然後賺很大的利潤？結果卻像溫水煮青蛙一樣，每次雖然輸不多，但累積到最後，卻把所有的錢都輸光。

因此這本書，我想和讀者分享的就是：

不貪快，一年只要進出三四次，甚至只進不出。

不貪多，只要和軍公教人員的優惠存款利率18%相同就好，而且只要懂四支股票就夠。

不貪便宜，只買有投資價值、套牢也不怕的股票，也絕不妄想以小搏大。

同時，我也把這幾年在演講當場聽眾提出的問題，還有網友在我的臉書粉絲專頁的提問和經驗分享，將我的回答和建議一併

寫在本書中，供讀者參考。這些新增的部分，是本書和我其他理財書最大的差異所在。

有了正確的投資觀念，當然也要有簡單易學、具體可行的投資方法來執行。招式不用多，一兩招就夠了。巴菲特的投資方法難嗎？不過就是「找一個長長的山坡，讓雪球越滾越大」，也就是去買那些穩定配息，永遠不可能下市的股票。我呢？說穿了也和《鹿鼎記》的韋小寶一樣，只有一招和半式，在此賣個關子，看完整本書，你就會懂了。

另一武俠小說大師古龍的經典《三少爺的劍》中，一生追求和三少爺一決生死的殺手燕十三，說過一句名言：「棄劍訣，得劍魂」，希望大家看完這本書之後，別太拘泥我所分享的技巧，只要找到讓自己最自在的投資方法，就能賺到現實和精神的雙重財富。

樂活大叔的核心投資組合

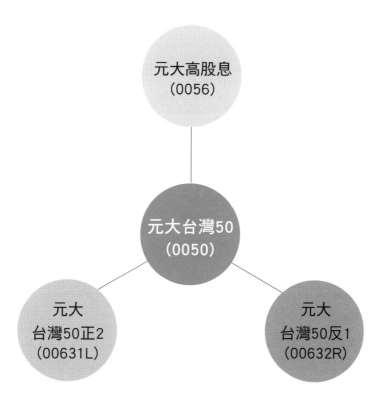

# 目錄
# Contents

## Part 1

## [What]
## 買什麼？ ⋯⋯⋯⋯⋯⋯⋯⋯⋯⋯⋯⋯⋯⋯⋯ 12
### 輕鬆賺錢、套牢不怕

## Part2

## [Why]
## 為什麼買？ .................................................................... 58
### 4 支股票投資價值

**Part5**

[How]
正2反1怎麼買？ .................................... 204
正 2、反 1 教戰守則

# Part 1

## [What]
## 買什麼？

18%

# 輕鬆賺錢，套牢不怕

台股超過1500支股票，讓大部分的投資人總是在股海中迷航。為找到會上漲的股票，上焉者拚命研究上市櫃公司財務報表及技術指標，中焉者努力蒐集各種財經資訊，下焉者只好到處打聽明牌，結果十之八九終日焦慮又賠錢。本書不囉嗦，翻到下一頁，就公布這4支不能保證「穩賺不賠」，但能保證「套牢也不怕」的股票，因為這4支標的都有價差可賺，其中2支還有穩定股息，而且絕對都不會變壁紙。這4支股票不用研究財務報表，不用蒐集各種資訊，也沒有不肖主力會炒作，讓你輕鬆賺錢免煩憂。

# 不敗明牌，就算套牢，
# 股息殖利率也優於定存

　　大多數參加投資講座的聽眾，或是購買相關書籍的讀者，對於講者和作者所傳授的方法和論點，興趣其實不是很高，大家真正急於想知道的，不就是明牌是哪一支？還是哪幾支股票嗎？

　　我也不囉嗦，現在就直接宣布答案：

◎元大台灣50（0050），本書後面的所有篇章，都將以0050稱之。

◎元大高股息（0056），本書後面的所有篇章，都將以0056稱之。

◎元大台灣50正2（00631L），本書後面的所有篇章，都將以「正2」稱之。

◎元大台灣50反1（00632R），本書後面的所有篇章，都將以「反1」稱之。

　　我從 2008 年金融海嘯之後，就把當時手中所有賠錢的股票全部賣光，通通換成 0050，不只讓投資變得非常簡單安心，也完全靠它養活了父母、妻子、三個子女，加上我自己，總共一家七口人。後來，我把這套簡單投資術寫成《只買一支股，勝過 18%》，從此成為暢銷作家和理財專家。

　　在買 0050 的同時，也有少部分的資金去買 0056，但 0056 真正成為我投資組合中的主力，則是 2016 年之後的事了。當年下半年的大盤指數已經來到 9000 點以上，0050 的價格也來到 70 元以上，都屬相對高檔，所以我開始把大部分的資金移往相對低價，但股息殖利率卻較高的 0056。

　　正 2 和反 1 都是 2015 年才推出的衍生性商品，我著墨不多，只是把它們當成小賭怡情的標的。我不論寫書或演講，從來不鼓勵大家來玩正 2 和反 1，因為沒有股息可領，當你一旦套牢時，只能等解套，但 0050、0056 每年都有穩定的配息，所以就算套牢，**股息殖利率**都遠優於定存利率。

　　以上這四支股票，究其本質應該是基金，也就是近年最夯的 ETF（Exchange Traded Fund），市場上都稱呼為「指數型基金」，但因為和股票買賣的方法完全一樣，所以股票投資所參考的技術指標同樣也能用在這四個標的身上。各位如果發現，我常常以「股票」來稱呼它們，請不要吹毛求疵，認為我寫錯了。

　　它們和一般股票有兩個最大的不同點，一是幾乎和大盤的漲跌同步，但一般股票常常是「大盤漲，個股卻跌」，甚至「大盤只是小跌，個股卻跌停板」，二是它們賣出的證交稅是千分之一，但一般個股是千分之三，足足便宜了三分之二。

　　投資人都知道台積電（2330）是做晶圓代工的，鴻海（2317）是幫蘋果做手機的，但0050、0056、正2、反1的葫蘆裡究竟是在賣什麼啊？別急，接下來，我會分別為大家做扼要的說明，同時，也會摘錄發行商所出具的公開說明書給大家參考。

小辭典

**股息殖利率**

股息殖利率＝當年股息÷持股成本
例如，用每股25元買進0056，2016年每股配發1.3元，所以股息殖利率就是1.3÷25= 5.2%

[What]
買什麼? —— 02

# 0050
# 不會大起大落，
# 讓你安穩睡好覺

　　根據台灣證券交易所的統計，目前在台灣股市掛牌交易的 ETF 總共有65檔，但其中最具代表性的就是 0050。0050 每日成交量約為5000～10000張，即使不是成交量最大的，但卻是和台股連動性最高的 ETF。

　　0050 的全名是「元大台灣卓越 50 基金」，是由台股目前市值最高的前 50 檔個股所組成的基金，透過精密計算出的持股比重，就可以和大盤走勢幾乎完全吻合。請看下面兩頁圖一和圖二，是不是就像攣生兄弟一樣？

圖一 台股大盤指數週線圖

線圖出自Yahoo奇摩股市

圖二　0050週線圖

| 週線 ∨ | KD,J ∨ | 元大台灣50(0050)　最後日期: 2016/12/30 |

2016/12/30 開:70.65 高:72 低:70.55 收:71.8 量:12897 漲跌:1.25
MA5 71.80 ▲　MA20 70.96 ▲　MA60 65.54 ▲

K9 53..49 ▲　D9 55.44 ▼　J9 59.34 ▼　3K-2D 49.59 ▲　RSV 57.32 ▲

©Yahoo奇摩股市

線圖出自Yahoo奇摩股市

　　前50大市值的公司，第一名想當然耳是台積電，佔0050的
持股比重高達29.75%，第二名是鴻海也不意外，佔8.61%。發行

**0050 持股明細**　　　　　　　　　　　　　　　　　2016/12/31

| 排序 | 股票名稱 | 持股比例 | 排序 | 股票名稱 | 持股比例 |
|---|---|---|---|---|---|
| 1 | 台積電 | 29.75 | 26 | 元大金 | 0.94 |
| 2 | 鴻海 | 8.61 | 27 | 聯電 | 0.93 |
| 3 | 台塑 | 2.99 | 28 | 統一超 | 0.89 |
| 4 | 台化 | 2.89 | 29 | 華南金 | 0.88 |
| 5 | 南亞 | 2.78 | 30 | 合庫金 | 0.82 |
| 6 | 中華電 | 2.64 | 31 | 遠傳 | 0.79 |
| 7 | 國泰金 | 2.62 | 32 | 台泥 | 0.77 |
| 8 | 大立光 | 2.61 | 33 | 正新 | 0.77 |
| 9 | 富邦金 | 2.53 | 34 | 開發金 | 0.77 |
| 10 | 台達電 | 2.38 | 35 | 中壽 | 0.76 |
| 11 | 中信金 | 2.19 | 36 | 台新金 | 0.73 |
| 12 | 聯發科 | 2.16 | 37 | 寶成 | 0.73 |
| 13 | 中鋼 | 2.09 | 38 | 矽品 | 0.72 |
| 14 | 統一 | 1.76 | 39 | 友達 | 0.71 |
| 15 | 兆豐金 | 1.70 | 40 | 光寶科 | 0.71 |
| 16 | 日月光 | 1.41 | 41 | 群創 | 0.69 |
| 17 | 華碩 | 1.28 | 42 | 遠東新 | 0.66 |
| 18 | 台灣大 | 1.19 | 43 | 彰銀 | 0.66 |
| 19 | 可成 | 1.13 | 44 | 鴻準 | 0.64 |
| 20 | 第一金 | 1.10 | 45 | 永豐金 | 0.62 |
| 21 | 廣達 | 1.09 | 46 | 研華 | 0.59 |
| 22 | 台塑化 | 1.09 | 47 | 仁寶 | 0.52 |
| 23 | 玉山金 | 1.04 | 48 | 儒鴻 | 0.46 |
| 24 | 和泰車 | 1.03 | 49 | 亞泥 | 0.42 |
| 25 | 和碩 | 1.00 | 50 | 南亞科 | 0.24 |

這檔基金的元大寶來投信每一季都會重新檢視這份名單和持股比例，有些會剔除，有些會新增，有些名次則會變動，例如宏達電（2498）2012年第三季排名第12位，如今已不在名單內，或是大立光（3008）同期勉強擠上第49名，如今則高居第8位。2016年底的持股明細和比例詳左頁。

很多人都嫌0050太無聊，因為大盤漲1%，它也只會漲1%，哪像很多飆股甚至可以漲停板？關於這一點，我從不反駁。不過，0050卻是讓你安穩睡好覺的股票，因為大盤跌1%，它也只會跌1%，你的心情絕對不會太鬱卒，不像很多個股可能一跌就是3～5%，甚至跌停板，怎麼可能不焦慮？

很多人也瞧不起0050，認為它頂多和大盤的報酬率一樣，有哪一點是值得向投資人推薦的？在我還沒寫第一本書之前，以前工作的長官打電話來要我報一支明牌給他，我就建議他買0050，結果他竟然怪我敷衍他，甚至掛我電話。我也認識很多證券公司的自營部主管，他們都認同我的看法，但他們絕對不敢買，因為老闆一定會罵：「我花那麼多薪水請你來操盤，結果你去買0050，我幹麼請你？這個我也會買啊！」

如果一年能掌握平均3～4波的漲幅，我保證，絕對能勝過全年大盤的漲幅。就算抱牢不動，近幾年其實也都贏過大盤，以2016年為例，指數從8338點漲到9253點，漲幅為10.97%，

　　但0050從60.75元漲到71.8元，漲幅為18.19%，若加計0.85元股息，漲幅更高達19.59%。

　　2012年之前，指數1000點，0050約值7元，但因為佔大盤指數權重最大，當然也是0050最重要成分股的台積電屢創新高，所以現在指數每1000點，0050已經值7.8元了。如果台股能重回萬點，屆時0050應該會超過78元。

　　0050自2003年掛牌上市，自2005年起，每年都有配息，最多是2007年的4元，最少是金融海嘯隔年2009年的1元，近幾年大約平均在2元左右。從2016年開始，改成一年配息兩次，當年7月配息0.85元，第二次則在2017年2月，配息1.7元。若以2元股息來換算近年股價在60～70元之間的股息殖利率，約略在3%的水準。即使你把0050當作存股標的，還是勝過銀行一年期定存利率。

　　0050當年以36.98元掛牌上市，最低價出現在2008年的28.53元，最高價則是2016年的73.55元，所以它的股性其實並不是像投資人印象中的那麼牛皮。以2016年為例，最低價是1月時的55.6元，最高價是12月時的73.55元，幅度高達32%以上。因此，0050同時兼具了穩定配息和波段操作的兩大特性。

　　以上是我這幾年投資 0050 的觀察，我也盡量用比較口語的方式來表達。以下則是我從發行公司元大寶來投信出具的公開說明書中所摘錄出來的重點內容，算是官方說法，一併提供給讀者參考。

***

### 元大台灣卓越50基金

一、成立日期：2003 年 6 月 25 日

二、基金型態：開放式

三、基金種類：指數股票型

四、投資地區：投資國內

五、存續期間：不訂期限

六、收益分配：收益評價日為每年 6 月 30 日和 12 月 31 日

七、經理費：每年基金淨資產價值的 0.32%

八、保管費：每年基金淨資產價值的 0.035%

九、投資範圍：

　　本基金主要投資於中華民國上市櫃股票。本基金投資目標為儘可能於扣除各項必要費用之後複製標的指數（即「臺灣 50 指數」）之績效表現。本基金為達成上述目的，將採用指數化策略，以全部或幾近全部之資產，依標的指數編製之權值比例分散投資於各成分股。臺灣50指數為臺灣證券交易所與富時國際有限公司共同合作編製，挑選臺灣證券交易所上市股票中，總市值最大的 50 家公司作為指數的成分股。（相關內容請詳基金公開說明書。）

十、投資特色：

　　1.完全複製臺灣50指數表現，以指數為選股重點。2.在證券交易所上市買賣，交易方式極為便利。3.費用率及基金週轉率較一般股票型基金低。

十一、投資本基金之主要風險：

　　本基金為指數股票型基金，係以分散風險、確保基金之安全，以緊貼或跟隨標的指數（即臺灣50指數）表現的回報，並以最小追蹤偏離度（Tracking Difference）為目標經營，在合理風險度下，謀求中長期投資利得及投資收益。惟證券之風險無法因分散投資而完全消除，所投資地區政治經濟變動、標的指數成分股於證券交易市場流動性不足、議借交易之違約、市場風險、出借所持有之有價證券或借入有價證券之相關風險及標的指數有授權終止或其他必需更換之情事發生時，可能對本基金追蹤、模擬或複製指數表現之操作方式有影響等因素，均可能產生潛在的風險。（相關內容請詳基金公開說明書。）

十二、本基金適合之投資人屬性分析：

　　本基金為指數股票型基金，主要投資於臺灣50指數之成分股票，屬非特定產業之台股投資，故依據中華民國證券投資信託暨顧問商業同業公會「基金風險報酬等級分類標準」所訂，本基金風險報酬等級為RR5。（風險報酬等級依基金類型、投資區域或主要投資標的/產業由低至高區分為「RR1、RR2、RR3、RR4、RR5」)惟此等級分類係基於一般市場狀況反映市場價格波動風險，無法涵蓋所有風險，不宜作為投資唯一依據，投資人仍應注意投資本基金之風險，如：價格波動風險、類股過度集中或產業景氣循環風險、追蹤標的指數風險等。本基

金之投資風險請參閱公開說明書【基金概況】之「投資風險揭露」之內容。

以上公開說明書十一點和十二點關於基金風險的說明,大家一定很難理解。接下來,我會用一個最淺顯的方式來解釋。

我每次在演講的時候,都會問聽眾:「這50家公司,會不會有一家倒閉?」

有人說:「不可能。」也有人說:「有可能。」

我再問:「那麼,這50家公司會不會『同一天』倒閉?」

這時,大家都異口同聲說:「不可能!!」

當台灣政治現狀發生重大變化時,這50家公司才可能「同一天」倒閉,屆時所有的台幣投資大概都化為烏有,就算你放在最安全的銀行定存,一樣血本無歸。

如果把這種極端的政治風險都納入考慮,我想你也不用繼續看這本書了。

# [What]
## 買什麼? ── 03

# 0056
# 價格親民，配息穩定，
# 適合保守型投資人

　　0056的全名是「元大台灣高股息基金」，和0050同樣都是台股中的ETF，而0056的成分股則是由未來一年預測現金股利殖利率最高的30支股票所組成，因此0056和大盤的連動性雖不如0050，不過卻完全符合近年來最夯的存股投資理念。

　　0056和0050最大的不同是每年的價格波動性，前者非常牛皮，後者相對活潑。0056這幾年的股價幾乎都在21～25元之間遊走，只有在2015年8月股災當天，曾短暫看到20元以下的價位，請見右頁圖一，因此，很多投資人都把0056當成是純粹存股領息的標的，因為它每年都有1元左右的現金股息可領，股息殖利率約在4～5%之間，對保守型投資人來說，已經非常有吸引力了。

圖一 0056週線圖

線圖出自 Yahoo 奇摩股市

　　如果你每年都有幸買在 20 元，然後賣在 25 元，報酬率可以高達 25%，一年就做這一波，其實也就夠了。

　　2016 年下半年，0050 來到 70 元以上的歷史相對高檔，很多人買不下手，轉而開始關注價位比較低的 0056，這其中也包括我在內。當年它在 10 月 26 日除息，要配發 1.3 元的現金股息，以當時股價 25 元計算，股息殖利率高達 5.2%，因此吸引非常多投資人參與配息，甚至除息前幾天的成交量還超過 0050。

2016年之前，我寫書和演講的重心都放在0050，但發現越來越多的銀髮族更愛0056，而且對小資男女來說，它的價格比較容易入手。特別是在大盤已經來到9000點之上時，持有0056真的相對安全許多。

坊間有很多教人用價值型投資來選擇存股標的的書籍，我也非常認同，但或許你一來很忙，二來沒有財務會計的背景，根本無法吸收公司財務報表的資訊時，我建議你乾脆直接買0056就好了。這30支股票，每一季也和0050一樣會重新檢視，都是專家篩選過的，我想應該比你自己去挑，更能讓你安心吧？2016年底的持股明細請見右頁。

**0056 持股明細**　　　　　　　　　　　　　　　　　2016/12/31

| 排序 | 股票名稱 | 持股比例 | 排序 | 股票名稱 | 持股比例 |
|---|---|---|---|---|---|
| 1 | 興富發 | 5.19 | 16 | 仁寶 | 3.29 |
| 2 | 瑞儀 | 5.18 | 17 | 聯強 | 3.20 |
| 3 | 潤泰全 | 5.05 | 18 | 緯創 | 3.15 |
| 4 | 智邦 | 4.01 | 19 | 華碩 | 3.12 |
| 5 | 聯詠 | 3.97 | 20 | 臻鼎-KY | 3.00 |
| 6 | 潤泰新 | 3.72 | 21 | 群光 | 3.00 |
| 7 | 中鼎 | 3.71 | 22 | 中租-KY | 2.94 |
| 8 | 大聯大 | 3.60 | 23 | 京元電 | 2.72 |
| 9 | 兆豐金 | 3.46 | 24 | 力成 | 2.72 |
| 10 | 矽品 | 3.45 | 25 | 光寶科 | 2.68 |
| 11 | 技嘉 | 3.41 | 26 | 晶華 | 2.63 |
| 12 | 微星 | 3.34 | 27 | 開發金 | 2.43 |
| 13 | 廣達 | 3.33 | 28 | 聚陽 | 2.42 |
| 14 | 英業達 | 3.29 | 29 | 鎧勝-KY | 2.28 |
| 15 | 和碩 | 3.29 | 30 | 台泥 | 2.03 |

　　0056的風險和0050是一樣的,就算這30支股票中,可能有一家會倒閉,但它們是絕不可能在「同一天」倒閉的,因此也絕不會變成壁紙。

　　以上是口語化的說明,以下還是要放官方說法,供你參考。

## 元大台灣高股息基金

一、成立日期：2007 年 12 月 13 日

二、基金型態：開放式

三、基金種類：指數股票型

四、投資地區：投資國內

五、存續期間：不訂期限

六、收益分配：收益評價日為每年 9 月 30 日

七、經理費：每年基金淨資產價值在 100 億元以下時，收 0.4%，100
～300 億元時，收 0.34%，300 億元以上時，收 0.3%

八、保管費：每年基金淨資產價值的 0.035%

九、投資範圍：

本基金主要投資於中華民國上市櫃股票。本基金投資目標為儘可
能於扣除各項必要費用之後複製標的指數(即「臺灣高股息指數」)之績
效表現。本基金為達成上述目的，將採用指數化策略，以全部或幾近全
部之資產，依標的指數編製之權值比例分散投資於各成分股。臺灣高
股息指數為臺灣證券交易所與英國富時國際有限公司共同合作編製，
本指數編製使用現金股利殖利率加權，為設計從臺灣 50 指數及臺灣中
型 100 指數所組成的採樣母體中篩選出殖利率較高的成分股，並衡量其
績效表現。該指數選取未來一年預測現金股利殖利率最高的 30 支股票
作為成分股，指數成分股之權重以現金股利殖利率決定而非市值。(相
關內容請詳基金公開說明書。)

十、投資特色：

1. 完全複製台灣高股息指數，投資標的透明。2. 交易方式便利，

交易成本低廉。3. 免除選股煩惱,投資有效率。4. 最佳資產配置,有效分散風險。

十一、投資本基金之主要風險:

本基金為指數股票型基金,係以分散風險、確保基金之安全,以緊貼或跟隨標的指數表現的回報,並以最小追蹤偏離度(Tracking Difference)為目標經營,在合理風險度下,謀求中長期投資利得及投資收益。惟證券之風險無法因分散投資而完全消除,所投資地區政治經濟變動、標的指數成分股於證券交易市場流動性不足、議借交易之違約、市場風險、出借所持有之有價證券或借入有價證券之相關風險及標的指數有授權終止或其他必需更換之情事發生時,可能對本基金追蹤、模擬或複製指數表現之操作方式有影響等因素,均可能產生潛在的風險。(相關內容請詳基金公開說明書。)

十二、本基金適合之投資人屬性分析:

本基金為指數股票型基金,主要投資於富時臺灣證券交易所臺灣高股息指數之成分股票,屬高股息類股之台股投資,故依據中華民國證券投資信託暨顧問商業同業公會「基金風險報酬等級分類標準」所訂,本基金風險報酬等級為 RR5。(風險報酬等級依基金類型、投資區域或主要投資標的/產業由低至高區分為「RR1、RR2、RR3、RR4、RR5」)惟此等級分類係基於一般市場狀況反映市場價格波動風險,無法涵蓋所有風險,不宜作為投資唯一依據,投資人仍應注意投資本基金之風險,如:價格波動風險、類股過度集中或產業景氣循環風險、追蹤標的指數風險等。本基金之投資風險請參閱公開說明書【基金概況】之「投資風險揭露」之內容。

# 喜歡殺進殺出，賺在當下，
就買正2和反1

正2的全名是「元大台灣50單日正向2倍基金」，反1的全名是「元大台灣50單日反向1倍基金」。這兩檔基金雖然也屬於ETF，但性質是衍生性商品。

反1顯然是爲了解決0050**券源**不多，不易放空的缺點，所設計出來的反向ETF。0050因爲融資買進的人一向不多，所以證券公司的融券額度當然也不多。很多人看到指數來到高檔，除了當初買進現股賺了一波之外，還想反手放空，再賺下跌的利潤，結果卻無券可空。如今有了反1，當你判斷大盤要跌時，就可以買進反1，效果就像放空一樣。反1和大盤的連結完全相反，換句話說，當指數漲1%時，它就會跌1%，反之，當指數跌2%時，它就會漲2%，讓大家在指數回檔時也能用反向來獲利。

每次演講提到反1這項產品時,很多人都聽得霧煞煞,因為絕大部分的投資人還是習慣偏多思考,所以腦筋好像一下子無法立刻轉過來。這時,我就告訴大家:「聽不懂,就別聽了。」大家這才如釋重負。

有了反向,當然也會有正向衍生性商品,那就是正2,漲跌幅對應指數就變成2倍了。當指數漲1%時,正2就會漲2%,但是也請切記,當指數跌2%時,正2就會跌4%了。

政府心態永遠在做多,既然你讓買反向的人能夠發股市下跌的災難財,當然就更該鼓勵投資人在低檔勇於買進,因此就用2倍的報酬來做誘因,這就是為什麼要反「1」卻正「2」了。

正2、反1和0050、0056最大的差別,是前二者不適合長期

**小辭典**

**券源**

「券源」係指融券來源。若有客戶認為某股票價格將上漲,可向證券公司借錢買進,稱為「融資」。客戶未償還資金前,須將股票抵押在證券公司。另有客戶認為該股票價格將下跌,但手中並無持股,則可向證券公司借出前述抵押的股票先行賣出,稱為「融券」。例如,某證券公司的客戶總共用融資買進10張某股票,意即券源就是10張。如果該公司客戶總共有超過20張該股票的融券需求,就會造成「券源不多」的結果。

持有，因為一來兩者都是沒有股息可以分配的，二來它的名稱中早就提示投資人這是「單日」的產品了。兩者的公開說明書也明確表示：「本基金不適合追求長期投資，且不熟悉本基金以追求單日報酬為投資目標之投資人。」很多投資人誤信某些股市名嘴的錯誤建議，看到指數在2016年超過8500點就不爽，因此拚命買進反1，不僅造成反1每天都是成交量最大的一支ETF，更讓很多投資人嚴重套牢。

如果你買進正2或反1卻不幸套牢的話，還可以不用過度擔心，因為它們至少比玩期貨安全。這兩種ETF的衍生性商品和期貨最大的差別，在於它們並不是保證金交易，也沒有到期結算日。

玩期貨，因為都是保證金交易，如果你的保證金不足，又無法即刻補足，期貨公司會直接在盤中給你斷頭平倉，但正2或反1就算你用融資買進，證券公司還只是向你催繳，不會盤中給你斷頭。此外，這兩項衍生性商品就算套牢，因為沒有結算日，所以也可以耐心等解套，不像期貨一定會在結算日跟你把帳算清楚，賺賠都是一翻兩瞪眼。

如果你真的不喜歡每年呆呆領0050或0056的股息，也不耐煩等0050的波段到來，非要殺進殺出、上沖下洗、短線獲利不可，那就去買正2或反1吧！因為它們還是比期貨、選擇權安全得多。

不過，因為正2和反1都是衍生性商品，所以並不是任何人都有資格去買賣。首先，你要去你已開戶的證券公司簽一張「風險預告書」（別管內容，簽就是了）。然後，你必須符合下列三個條件之一（曾開立信用帳戶、曾開立期貨帳戶，或進行過10筆以上的權證交易），若都沒有，最簡單的方法就是去開一個可做融資融券的信用帳戶即可。這些手續完備後，你才能開始操作正2和反1。

最後，我依舊把兩者的公開說明書摘錄在以下四頁中。

## 元大台灣50單日正向2倍基金

一、成立日期：2014年10月23日

二、基金型態：開放式

三、基金種類：指數股票型（槓桿型ETF）

四、投資地區：投資國內

五、存續期間：不訂期限

六、收益分配：無

七、經理費：每年基金淨資產價值的1%

八、保管費：每年基金淨資產價值的0.04%

九、投資範圍：

　　本基金主要投資於中華民國有價證券及證券相關商品。本基金係採用指數化策略，將本基金扣除各項必要費用後儘可能追蹤標的指數(即臺灣50指數)單日正向2倍報酬之績效表現為操作目標，而本基金為達成前述操作目標，將投資於有價證券及證券相關商品之整體曝險部位不得低於本基金淨資產價值之百分之一百八十，且不得超過百分之二百二十。臺灣50指數為臺灣證券交易所與富時國際有限公司共同合作編製，挑選臺灣證券交易所上市股票中，總市值最大的50家公司作為指數的成分股。(相關內容請詳基金公開說明書)

十、投資特色：

1. 追蹤臺灣50指數單日正向2倍報酬，提高投資效率。

2. 基金之槓桿倍數固定，較期貨、選擇權商品易於管理。

3. 投資人運用本基金，得免除證券相關商品交易與信用交易之管理。

十一、投資本基金之主要風險:

　　本基金係採用指數化策略,以追蹤標的指數(即臺灣50指數)之單日正向2倍報酬表現為投資目標,投資人應了解本基金所追求標的指數正向2倍報酬僅限於「單日」操作目的,受基金資產每日重新平衡及計算累積報酬之複利效果影響,本基金連續兩日以上及長期之累積報酬率會偏離同期間標的指數正向2倍之累積報酬,且偏離方向無法預估。本基金具有槓桿風險,其投資盈虧深受市場波動與複利效果影響,與傳統指數股票型基金不同。本基金不適合追求長期投資且不熟悉本基金以追求單日報酬為投資目標之投資人。投資人交易前,應詳閱基金公開說明書並確定已充分瞭解本基金之風險及特性。其他本基金風險及複利效果影響說明,請詳閱基金公開說明書。

十二、本基金適合之投資人屬性分析:

　　本基金主要投資於國內上市股票及證券相關商品,惟本基金具槓桿操作風險,故依據中華民國證券投資信託暨顧問商業同業公會「基金風險報酬等級分類標準」所訂,本基金風險報酬等級為RR5。(風險報酬等級依基金類型、投資區域或主要投資標的/產業由低至高區分為「RR1、RR2、RR3、RR4、RR5」) 惟此等級分類係基於一般市場狀況反映市場價格波動風險,無法涵蓋所有風險,不宜作為投資唯一依據,投資人仍應注意所有投資本基金之風險,如:價格波動風險、槓桿操作風險、基金單日報酬未能緊貼標的指數單日正向2倍報酬之風險等。(相關內容請詳基金公開說明書。)

## 元大台灣50單日反向1倍基金

一、成立日期：2014年10月23日

二、基金型態：開放式

三、基金種類：指數股票型（反向型ETF）

四、投資地區：投資國內

五、存續期間：不訂期限

六、收益分配：無

七、經理費：每年基金淨資產價值的1%

八、保管費：每年基金淨資產價值的0.04%

九、投資範圍：

　　本基金主要投資於中華民國有價證券及證券相關商品。本基金扣除各項必要費用後儘可能追蹤標的指數(即臺灣50指數)單日反向1倍報酬之績效表現為操作目標，而本基金為達成前述操作目標，將投資於有價證券及證券相關商品之整體曝險部位不得低於本基金淨資產價值之百分之七十五，且不得超過百分之一百一十。臺灣50指數為臺灣證券交易所與富時國際有限公司共同合作編製，挑選臺灣證券交易所上市股票中，總市值最大的50家公司作為指數的成分股。（相關內容請詳基金公開說明書）

十、投資特色：

1. 追蹤臺灣50指數單日反向1倍報酬，提高投資效率。

2. 基金之槓桿倍數固定，較期貨、選擇權商品易於管理。

3. 投資人運用本基金，得免除證券相關商品交易與信用交易之管理。

十一、投資本基金之主要風險：

　　本基金係採用指數化策略，以追蹤標的指數(即臺灣50指數)之單日反向1倍報酬表現為投資目標，投資人應了解本基金所追求標的指數反向1倍報酬僅限於「單日」操作目的，受基金資產每日重新平衡及計算累積報酬之複利效果影響，本基金連續兩日以上及長期之累積報酬率會偏離同期間標的指數反向1倍之累積報酬，且偏離方向無法預估。本基金具有反向風險，其投資盈虧深受市場波動與複利效果影響，與傳統指數股票型基金不同。本基金不適合追求長期投資且不熟悉本基金以追求單日報酬為投資目標之投資人。投資人交易前，應詳閱基金公開說明書並確定已充分瞭解本基金之風險及特性。其他本基金風險及複利效果影響說明，請詳閱基金公開說明書。

十二、本基金適合之投資人屬性分析：

　　本基金主要投資於國內上市股票及證券相關商品且以放空期貨為主要交易，惟本基金具反向操作風險，故依據中華民國證券投資信託暨顧問商業同業公會「基金風險報酬等級分類標準」所訂，本基金風險報酬等級為RR5。(風險報酬等級依基金類型、投資區域或主要投資標的/產業由低至高區分為「RR1、RR2、RR3、RR4、RR5」)　惟此等級分類係基於一般市場狀況反映市場價格波動風險，無法涵蓋所有風險，不宜作為投資唯一依據，投資人仍應注意所有投資本基金之風險，如：價格波動風險、反向操作風險、基金單日報酬未能緊貼標的指數單日反向1倍報酬之風險等。(相關內容請詳基金公開說明書。)

0050和0056的
唯一缺點

　　知名廣播節目主持人趙婷曾在一次訪談中吐槽我：「你知道
買0050有一個最大的缺點嗎？」

　　我很好奇：「願聞其詳。」

　　她得意地說：「0050不會發股東會紀念品。」

　　我當場臉上三條線，心中的OS則是「股東會紀念品其實應該
是股票套牢的安慰獎吧？」

　　試問，有哪一個投資人買股票是為了紀念品的？當然不是沒
有這種人，因為有人會去買台塑（1301）一股，純粹就是想拿一捲
保鮮膜。如果你買一張1000股的台塑，一來股息殖利率不錯，二
來低買高賣，還有機會賺價差，可以賺更多，但絕不會只想拿到

一捲保鮮膜就滿足了吧?

投資任何股票,追求的不外乎是以下這三件事:

第一、至少有超過定存利率而穩定的股息可以領,

第二、又有波段價差可以賺,

第三、最後就算套牢,也不會變壁紙。

這其實就是近幾年最夯的「存股」觀念。台積電還原權值,早就不斷創歷史新高了,也就是說,完全符合了以上的三個要件。台積電一直不是散戶的菜,大家嫌它牛皮,從來不曾在短期內狂飆過,而且又嫌台積電太貴了,買不起。

台積電絕對是外資法人的最愛,但讓人納悶的是,散戶透過媒體,每天都關心外資買賣超的名單,結果卻不願跟著買台積電,反而成天追逐風險很高的投機股。投機股雖然有第二項賺價差的高度期待,卻可能沒有第一項的穩定股息可領,也不排除套牢後會成為壁紙的可能性。

套牢的股票剛開始可能還有紀念品可領,例如當年的華宇電腦,還曾經送過全家便利商店的 100 元商品券當股東會紀念品,但最後終究還是下市變壁紙了(其實現在連可以貼的壁紙都沒有了,只剩集保存摺裡的一行字而已)。再有價值的股東會紀念

品，都不可能彌補你在股價上的龐大損失，只能給你心靈上一點
點小小的安慰罷了。

台積電當然是非常好的存股標的，但是我們一定要保佑張忠
謀長命百歲，才能靠投資它來持續獲利。換句話說，任何個股的
風險相對大盤而言，終究還是略高一些。0050 和 0056 的投資報
酬率縱然輸給台積電，但它們分別是由50 支和30 支績優個股所組
成，涵蓋電子、金融、傳產各領域，風險已經近乎完全分散，就
安全性而言，遠優於任何股票，包括台積電在內。

請記得，所有的 ETF 都不會發股東會紀念品。但是，你
從0050 和 0056 所賺來的穩定獲利，可以讓你想買什麼就買什
麼，不像你從套牢股票的公司所拿到的股東會紀念品，其實都是
一些棄之可惜，但遲早會丟掉的累贅無用之物。有時，看到櫃子
裡滿坑滿谷的那些股東會紀念品，或許你還會更生氣呢！

# 巴菲特也推薦ETF， 別高估專家，低估自己

　　在本書一開始，我就提到0050、0056、正2、反1都屬於「指數型基金」（ETF），這種基金和大家常買的「股票型基金」有何不同？

　　指數型基金又稱為「被動式基金」，為了與它所連結的指數有高度相關性，所以在成立時就把持股明細和持股比例完全設定好，然後透過每一段時間的重新檢視，讓它一直能持續連動該指數，說句玩笑話，機器人就可以做這件事了。

　　股票型基金又稱為「主動式基金」，操作績效完全看基金經理人的判斷能力，也是大家比較熟悉的類型。為什麼大多數人都會去買基金？因為大家總認為投資是一件非常困難的事，要不然怎麼會有好幾個電視台24小時分析股市行情，又有兩大財經報紙

提供那麼多密密麻麻的訊息，還有琳瑯滿目的各種投資理財的專業期刊和書籍充斥坊間，更遑論1500家以上的上市上櫃公司的財務報表和即時訊息必須吸收。到頭來，乾脆拿錢出來認購基金，讓專業的基金經理人幫自己賺錢吧！因為我們相信這些基金經理人都有豐富的財經或產業知識與經驗，能判斷出正確的走勢，然後做出精準的選股。

但是，大家也都知道，股市只有「贏家」，沒有「專家」，即使你認購的這檔基金的經理人這幾年操作績效勇冠業界，也不能保證今年依舊出色，甚至也有可能由盈轉虧。更何況有時你根本不認識這些經理人，只是人云亦云下，就買了一檔基金。

再者，基金虧損若只是經理人的「專業能力」有問題，其實還情有可原，但若遇到不肖經理人的「品格操守」有問題，那就只能自認倒楣了。他們慣用的手法就是自己先行買進和業內或公司派聯手要炒作的投機股之後，再在高檔賣給自己操作的基金，結果自己荷包賺飽飽，基金持有人則慘遭套牢虧損。

每個人一定會珍惜自己的財產，但你把錢交給一個陌生人，他又不認識你，他怎麼會和你一樣在乎你的財產呢？

曾經有人做過調查，一年期間有60%的股票基金輸給大盤，十年期間有70%的股票基金輸給大盤，若拉長到二十年，該期間居然有高達80%的股票基金輸給大盤。既然被動式基金獲利的機

率要高於主動式基金，我們為什麼要把命運交給一個既陌生、又不一定是贏家的專家？

近幾年來，大家漸漸開始懂了這個道理，所以 ETF 的發行量越來越大，甚至規模已經等於美國的 GDP 了。反觀，傳統的股票基金越來越乏人問津，因為挑基金其實比挑上市公司更難，畢竟上市公司過去的經營績效，絕對比基金過去的操作績效更具參考性。請問，這個市場上有歷經幾十年持續穩定獲利的基金嗎？國外或許有，國內迄今應是鳳毛麟角。別再低估自己，高估專家了。

投資股票，真的應該自己來，而且真的沒有那麼難。股神巴菲特曾八度推薦 ETF，甚至說：「大家如果有積蓄的話，可以買指數型基金，根本不用聽我這種理財顧問的話。」

# 不求最賺錢，但求最安心
# 買他國ETF風險大

　　ETF是最適合懶人的簡單投資術。「簡單」、「懶人」又何妨？只要有賺錢就好。「複雜」、「勤勞」有何用？又不能保證賺錢。

　　台灣第一檔ETF就是0050，也是大家最熟悉的指數型基金。後來，很多投信公司又陸續推出類似商品，有同樣連結國內股市的ETF，如0056、元大中型100（0051），也有連結國外股市的ETF，如大陸、日本、香港、美國，甚至現在連印度都有了。不只有股票的ETF，還有黃金和石油，真可謂百花齊放，百家爭鳴。不過，千萬別以為這些琳瑯滿目的各式ETF都和0050、0056一模一樣，大家在買進這些他國的ETF之前，一定要先有三個基本認識：

　　第一、它們都不是連結當地指數，有些只是做部分連結，有些甚至連結的是當地的ETF，所以很難像0050和台股指數有超過98%以上的關聯性，也就是說很難用大盤的技術指標來判斷高低點。

　　第二、它們連結的市場的交易時間和台股交易時間不同，常常在我們收盤之後，當地股市卻發生暴跌的情形，害這些ETF的持有人沒有立即反應的時間，這是非常不公平的交易模式，特別是連結陸股的ETF，因為大陸股市經常暴漲暴跌，最容易發生上述情事。0050和0056的交易時間和台股交易時間完全一致，對投資人最公平。

　　第三、它們不一定每年都能配息，所以只能搶短線賺價差，無法用股息來彌補投資人一旦套牢時的價差損失。

　　除了上述原因之外，我認為絕大部分的投資人應該很難對國外股市有充分的了解，這才是我不推薦大家去買的最重要關鍵。大家對台股的了解，以及資訊的取得，都已經相對容易，尚且賺不到錢，為什麼還敢期望自己可以靠投資其他股市賺到錢呢？

　　有人曾反駁我，如果在2014年中的最低點買進連結陸股的「元大寶滬深」（0061），然後在2015年中的最高點賣掉，獲利遠高於0050。我不能否認這個事實，但我真的懷疑，賺到這些錢的投資人，是基於對大陸經濟的了解，還是基於投機獲利的期待，

才去買進0061？不過，反駁我的人，為何不提如果投資人沒在高檔25元賣掉，後來跌到13元，豈不損失慘重了？大陸資訊透明度可能是全球股市中的倒數幾名，操作陸股ETF其實是要非常小心的。

別碰國外股市的ETF，那麼和石油、黃金相關的ETF呢？如果你對這兩項商品價格走勢能夠判斷正確的話，我不反對，但請記住，它們也是不配息的。不過，這兩項商品這幾年暴漲暴跌的波動性，遠勝過個別股市的起伏，風險恐怕比股票還高，也在此必須提醒各位。

我的操作態度很簡單，我靠0050和0056就能賺到滿意的報酬，又何必辛苦去研究並判斷其他的ETF？我不求「最賺錢」，只求「最安心」。

# 買台股或
# 買美股的前提條件

　　我有很多早就定居美國的同學和朋友，對於我的投資觀念和做法都深表贊同，但他們有一個共同的疑惑：「是不是該把一些美金換成台幣，在台灣開戶買0050或0056？」我給他們的答案是「不必，你們就在美國買美國的ETF就好了。」

　　同樣的道理，已經定居日本、大陸或任何國家的人，就用當地貨幣買當地股市的ETF才是正確的做法。買賣0050的方法，其實全世界都通用，但我不知道其他國家是否有類似0056的商品，所以在此就不敢建議了。

　　不過，國內的投資人該不該換一些美金去美國買他們的ETF呢？雖然國內有些財經部落客非常積極地勸大家該這麼做，但我則持保留的態度。

　　質疑0050最重要的論點就是，如果台灣以後像日本一樣，失落幾十年怎麼辦？或更慘，變成下一個阿根廷或希臘，0050跌下去，可能就不會再起來了？他們還特別強調：「這種事情機會不高沒錯（或是他們其實認為機會頗高？），但請不要把低機率事件當成不可能的事。」

　　我承認，我難以反駁這種論調，我也不想以義和團的心態，來上綱對台灣無比的信心。如果你真的擔心會發生這種事，恐怕只有兩條路可走：

　　一是完全不要投資了，股票、房地產、債券通通別碰，只能買黃金，或放空期貨，連定存都會成壁紙。但是，如果沒有發生呢？你不就錯失所有投資獲利的機會嗎？若因此一路放空期貨，肯定會傾家蕩產。

　　二是你只好把台幣資產都變成美金資產，趕快辦移民。這個因應對策無可挑剔，但大部分的人做得到嗎？如果做不到的話，你哪有杞人憂天的資格？

　　他們還引用一項數據，提到台股市值只占全球股市的1%，買0050就好像在買全球股市中的小型股，是非常投機的。言下之意，當然是希望大家去買美國股市的ETF，它們才是績優股。以「全球」觀點來看，我又無法反駁了。但是，我要提醒各位兩點：

　　一是任何投資不該暴露在兩種以上的風險中。因為你是用美金去買美國的ETF，是不是既有漲跌的風險，又有匯率的風險？現在匯率大概是32元台幣兌一美元，如果台幣升值到30元，你光匯差就損失6%以上，也就是說美股大概要漲1000點以上，你才開始賺錢。當然，如果台幣因台灣經濟持續走弱而一路貶值，你就會兩頭賺，這就符合他們看衰台灣，始終如一的態度。

　　他們還強調，不該「把全部的錢，都押在台灣單一國家的股市上」。但是，你對其他國家的股市又能有多少的了解？不了解，其實風險可能更大。你的資金夠多到可以分散在許多不同的國家嗎？我想，大部分的人做不到，所以單押台灣可能是「絕大多數人」最實際可行的方法（而且，沒有匯率風險）。

　　二是美股從2009年不到8000點，一路不斷創歷史新高，但它再續漲的機率還有多大？反觀台股距歷史高點12682點還有40～50%的空間，上漲機會是否相對比美股要大得多？

　　此外，他們認為台積電占0050的比例高達三成以上，影響性太大，而美股就算APPLE市值再高，它的比例也沒有像台積電那麼高。我還是無法反駁，但是如果連台積電都出現很大的經營風險，台灣恐怕也早就風雨飄搖了。

　　我必須承認，如果你在金融海嘯時去買美國的ETF，而且一路抱牢不要賣，肯定賺得比0050還要多。從事後結果來看，他們

始終認為ETF就該長期持有，因此認為我的波段操作賺價差，其實是不智之舉。但是，時空條件早已不同。你若買在台股4000點以下，美股8000點以下，當然長期持有賺很大。如果台股和美股都在相對高檔，當然要高賣低買，增加獲利的機會。難道你真的要耐心等到歷史低點再來買，然後長期持有嗎？

台股在5000點以下，應該視為歷史低檔，此時買進的0050建議該長期持有，因為能買到這種低價的機會，一生難有幾回。5000～8000點之間，是台股近30年來最主要的大區間，可以一部分做長期持有，一部分賺波段價差。8000點以上，則是台股相對高檔，為避免發生套牢情形，則建議以波段操作優先。

如果你只能住在台灣，又沒有那麼多錢可以做全球股市的配置，以規避台灣的政治風險時，我建議就只買0050和0056，別再心猿意馬、好高騖遠了。本書以下的章節將完全聚焦在台灣股市，我想這才是絕大多數讀者能夠消化和吸收的資訊。

定期定額，
買ETF優於買個股

　　很多讀者私訊我，說他們買0050和0056真的都能輕鬆賺到錢，但我同時也非常困惑，他們常常只買一兩張，因為他們還是有點怕。此外，很多人都說，要留點錢，等到0050跌到60元，甚至40、50元以下時再買。這個看法不能說不對，但萬一再也不會出現類似2008年金融海嘯的危機，你不就平白喪失很多賺錢的機會？我當然不敢斬釘截鐵說，絕對不會再有60元以下的價格，但就算你買在高點又如何？既然你相信它不會變壁紙，也認同就算被套牢，它還有股息可以給你領，就勇敢一點吧！

　　如果你的投資組合是一部分比較投機、風險比較大的股票，一部分是比較安全、風險比較小的0050和0056，我覺得這樣還比較合理。如果你本身就是保守型的投資人，卻只敢買幾張0050或0056，那就過度小心了。只有「專注」買0050或0056，才是獲利

之道。

「嫌0050股價高」和「什麼時候該買」這兩個問題，在2017年有了解決之道。台灣證券交易所希望透過鼓勵年輕人投入股市，來解決台股成交量持續低迷的情形，因此推出了「定期定額買股票」的方案。每次只要3000元，就可以定期買進由各證券公司推薦的績優股，讓資金不多的年輕人容易投資，也避免股價高檔套牢的風險。有意提供定期定額機制的券商不是推薦ETF，就是推薦0050的成分股，不過我認為應該直接買0050，而不是買它的成分股，畢竟0050本身已經做到風險分散的配置，而其成分股雖然都是績優股，但仍有個別產業前景和個別公司經營的風險存在。

不過，由於投資標的由各券商自行決定，所以如果你想定期定額買0050或0056，但萬一你進出的券商沒有這項商品，你還必須另外去其他券商開戶，這是比較麻煩的地方。對小資族而言，0056比0050便宜很多，而且殖利率更高，所以乾脆存到2萬多元就去買一張，其實是比定期定額更簡單的方法。

# 你有幾顆蛋？
# 資產配置三樣就夠

有一次上廣播節目，主持人問我有沒有做資產配置？我說，除了買夠用的保險，和拿來自住的房子之外，我沒有做其他的資產配置，所有剩下的錢都在等機會買0050和0056。她非常吃驚，因為這個想法和所有理財專家都不一樣。

每次我聽到理財專家建議大家該怎麼做資產配置，我都覺得根本是「紙上談兵」。雖然「不要把雞蛋通通放在一個籃子裡」絕對是投資的金科玉律，但是如果你只有一顆雞蛋，當然只好放在一個籃子裡了。舉例來說，小資男女好不容易存到10萬元，請問他們能做什麼資產配置？如果要分散風險，把它分五份，一份只有2萬元，他們能投資什麼呢？

我在所寫的書裡，或是各種演講場合，經常把50萬元當作

「一顆雞蛋」的定義，這已經是最起碼的要求了。你沒存到50萬元，根本沒資格開始進行投資。若是去買房地產，絕對一次就要好幾顆雞蛋才能開始進行。如果你買了房子，還在繳房貸，大概十年以上都不必聽理財專家對資產配置的建議了。在大台北地區買房，至少需要20顆雞蛋，其他地區至少需要10顆雞蛋，請優先拿去買房子，再去買保險，千萬不要太早進行其他的投資理財。

我想，非常有錢的人絕對不會看我這本書。如果你和我一樣，只有20到50顆雞蛋，算是「有點錢，又不算太有錢」的人，我建議你的資產配置不必多，三樣就夠了。第一是保險（但不含任何投資、儲蓄或還本的概念）、第二是供自住的房地產、第三是你最熟悉的投資工具。最熟悉，風險相對低。不熟悉，就別碰，不要為分散風險而分散風險。如果為了聽理財專家的話，配置了很多不熟悉的投資工具，風險一定比只有上述三項要高出很多。我最熟悉的就是股票，所以這本書的內容也將以股票為主。

所有股票投資人都知道不能只買一兩支股票，要有投資組合，要分散風險。但請注意，0050和0056絕不能把它們看成是一支股票，因為它其實代表了涵蓋電子、金融、傳產的50檔和30檔績優股，所以它本身就是投資組合，也就是完全符合「分散風險」的概念了。因此，你買0050或0056，絕對不是只買一支股票！

保險不是拿來投資的，是拿來建立基本的保障和急難救助

的。不要買投資型保單，因爲理賠的多寡要看你選的基金而定。選股票都很難了，選基金更是難上加難，而且保險公司從中還要賺一手保管費和處理費呢！不要買儲蓄險和保本險，因爲它的報酬率大概只比定存多一點點，但還是勝不了通貨膨脹率。如果你買那種「沒出事，錢就拿不回來」的壽險、醫療險、意外險，保費相對便宜得多，把省下的保費去買0056，一定比保險公司能給你的投報率要高很多。沒有人想靠保險賺錢嘛，那就以保費便宜爲優先考量吧！

買「第一間」房也不是拿來投資的，買得起最重要。以台北爲例，沒電梯、沒停車位、距捷運站遠，只要你有正當的工作，就有機會買得起。此外，不要先買車，就幾乎備妥了房子頭期款。然後，犧牲小確幸，追求大夢想，你一定做得到。千萬不要太早放棄買房的夢想喔！

18%

# Part 2

## [Why] 爲什麼買？

# 4 支股票投資價值

2016年台股上漲10.97%，你尋尋覓覓選股，有打敗大盤嗎？有人傻傻地在2015年底買進0050或是0056，然後啥事也不做，整天遊山玩水樂逍遙，到年底看看收盤價，前者加股息，總共賺了19.59%，後者雖然稍差，但加計股息還是有賺11.53%，照樣打敗了大盤。我相信絕大部分的讀者都比這個人努力，但為什麼不只輸給大盤，甚至還賠錢？原因是大家執迷於「選股不選市」，每次都認為其他理財專家或投顧老師說「指數將區間整理，一切要看個股表現」是真理，結果抓龜走鱉，追高殺低，白忙一場。從現在開始，一年做三波，選市不選股吧！

## 2016年，
## 你有打敗大盤嗎？

　　每一個股票投資人都希望從股市賺到錢，不只賺到錢，還能打敗大盤。大部分的理財專家和投顧老師都建議大家要選股，只要選對股票，不管大盤漲或跌，你都能賺到錢。這個建議完全無可挑剔，但是上市上櫃股票超過1500家，怎麼才能選到會讓你投資獲利的股票，在實務上卻非常困難。

　　以2016年為例，當年開盤指數，也就是2015年12月31日的收盤指數是8338點，到了2016年12月30日台股收在9253點，也就是全年漲幅是10.97%。你有賺錢嗎？

　　如果有，先恭喜你。接著，你的投資報酬率有超過10%嗎？有超過的話，更要恭喜你，而且就請繼續用你的方法來操作。如果沒有超過的話，你真的可以試試看這本書後面章節要教你的

方法。如果你整年結算下來，居然還是虧損的話，你也不必太慚愧，因為股市投資人中，據統計至少有80%的人是賠錢的。如果你也是其中之一，我只有一個建議，就是「不要再選股了」。

如果你在2015年12月31日用當天0050的收盤價60.75元買進一張，然後什麼事都不做，直到2016年12月30日，再用收盤價71.8元賣掉，你就這樣「傻傻」地賺了11.05元，換算報酬率是18.19%，其實，我還沒有把當年領的0.85元的股息算進去呢！如果算進去，獲利應該是11.9元（價差11.05元＋股息0.85元＝總獲利11.9元），報酬率更高達19.59%，是大盤漲幅的1.78倍。

如果你買的是0056，結果呢？當年它從21.85元漲到23.07元，賺了1.22元的價差，再加上當年股息1.3元，總計獲利2.52元，換算報酬率為11.53%，雖然不如0050，但一樣打敗了大盤（詳表一）。

表一 2016年0050及0056都打敗大盤

|  | 2015/12/31 | 2016/12/30 | 漲跌幅 |
|---|---|---|---|
| 大盤指數 | 8,338 | 9,253 | 10.97% |
| 0050 | 60.75 | 71.80 | 18.19% |
| 0050加計股息 | 60.75 | 72.65 | 19.59% |
| 0056 | 21.85 | 23.07 | 5.58% |
| 0056加計股息 | 21.85 | 24.37 | 11.53% |

　　如果以 2016 年指數最低點到最高點計算大盤漲幅，和
0050、0056的高低漲幅來比較，它們同樣把大盤打趴在地上。大
盤漲幅在23%以上，0050 超過33%，0056超過25%（詳表二）。

表二　從低點至高點，0050及0056都能打敗大盤

|  | 2016年最低 | 2016年最高 | 漲跌幅 |
|---|---|---|---|
| 大盤指數 | 7,627 | 9,430 | 23.64% |
| 0050 | 55.60 | 73.55 | 32.28% |
| 0050加計股息 | 55.60 | 74.40 | 33.81% |
| 0056 | 20.14 | 25.35 | 25.87% |
| 0056加計股息 | 20.14 | 25.35 | 25.87% |

0056 在 2016 年的最高價是在除息前

　　買0050或0056，有花任何時間、精力選股嗎？真的就是傻傻
買，傻傻賣，結果不只打敗了80%以上虧損的投資人，還打敗大
盤，甚至還打敗大部分的基金經理人。試問，你為何還要辛辛苦
苦地選股呢？

個股風險
就是比大盤大

　　看完上一篇，一定很多人不服氣，因為只要選對股票，一樣可以打敗大盤、打敗0050和0056啊！我們就不提那些被主力炒作的股票了，以台積電（2330）為例，就有更高的投資報酬率。以2016年一整年的績效來看，台積電的報酬率是31.12%，勝過0050的19.59%，也勝過0056的11.53%（詳表一）。

表一　2016年台積電整體積效優於0050及0056

|  | 2015/12/31 | 2016/12/30 | 漲跌幅 |
|---|---|---|---|
| 2330 | 143.00 | 181.50 | 26.92% |
| 2330加計股息 | 143.00 | 187.50 | 31.12% |
| 0050 | 60.75 | 71.80 | 18.19% |
| 0050加計股息 | 60.75 | 72.65 | 19.59% |
| 0056 | 21.85 | 23.07 | 5.58% |
| 0056加計股息 | 21.85 | 24.37 | 11.53% |

　　以2016年從最低價到最高價的漲幅，台積電的報酬率則是52.49%，一樣勝過0050的33.81%，也勝過0056的25.87%（詳表二）。

表二　2016年以高低點計算，台積電的表現也優於0050及0056

|  | 2016年最低 | 2016年最高 | 漲跌幅 |
|---|---|---|---|
| 2330 | 130.50 | 193.00 | 47.89% |
| 2330加計股息 | 130.50 | 199.00 | 52.49% |
| 0050 | 55.60 | 73.55 | 32.28% |
| 0050加計股息 | 55.60 | 74.40 | 33.81% |
| 0056 | 20.14 | 25.35 | 25.87% |
| 0056加計股息 | 20.14 | 25.35 | 25.87% |

0056在2016年的最高價是在除息前

　　但是，為什麼我還是只買0050和0056，而不買台積電呢？因為個股的風險一定相對比大盤要大，當然也比0050、0056要大，這是不爭的事實。

　　雖然我有時候會開玩笑說，台灣遭逢政治重大變局，才可能讓市值前50大的公司「同一天」倒閉，這時0050才會變壁紙，但是真有這麼一天，台積電或許還不會倒呢！因為它在全球半導體供應鏈中的地位太重要了，一旦倒了，對全球造成的傷害程度，肯定直追2008年的金融海嘯。

　　我演講的時候，有人真的拿台積電來吐槽我，但我反問大家

兩個問題之後，他就接受我的看法了。

我問他：「台積電的董事長是誰？」

不只他知道答案，全場甚至異口同聲回答：「張忠謀！」

接著，我再問：「中華電信（2412）的董事長是誰？」

全場一片靜默，然後有一個怯生生，顯然沒有十足把握的聲音出現：「蔡力行。」

然後，我說：「大家懂了吧？！」

道理很簡單，張忠謀對台積電太重要了，絕不能有任何意外發生，甚至只要身體違和，包準就是重大利空。人吃五穀雜糧，誰能不生病？而且任誰都會一天天老去的。反觀中華電，不論誰做董事長，都不會有很大的影響。

同樣的道理，用在鴻海（2317）也完全合適。猶記得郭台銘一度去追女明星時，股價就一蹶不振，不是嗎？當他重回決策核心時，才讓投資人吃了定心丸。他一度在股東會上承諾，鴻海股價不到200元，他永不退休。現在，又有了新的變數，就算他永遠是一尾活龍，如果他真去選總統，投資人還會看好鴻海嗎？

王永慶過世後，台塑四寶的經營也曾出現螺絲鬆動的情形，

現在才又重回令人放心的局面。

中華電就真的是唯一和最好的選擇了嗎？其實個別公司和個別產業還是有其個別的風險，就像電信業的價格競爭激烈、市場趨於飽和，甚至部分收入（如簡訊）的大幅衰退，都造成其成長性遠不如台積電和鴻海。

當然，以上這些個股應該絕對不會變壁紙吧？！如果你有這種懷疑，勸你就完全不要買賣台灣股票了。很多人一方面說，這種風險是存在的，一方面又去買投機股，套一句馬英九最有名的句型：「這不叫僥倖，什麼叫僥倖？」

0050和0056換任何人操盤，會有任何影響嗎？我敢保證說，1000%不會有影響。因此，為了完全規避個別公司的風險，我才主張只買0050和0056，就算賺得少一點，但至少更安全一點。話說回來，0050和0056，就算賺得少一點，還是遠優於大盤和幾乎絕大部分的個股了。

[Why]
爲什麼買? —— 03

# 選市不選股,
# 讓你穩健獲利

　　幾乎所有財經媒體和理財專家都告訴大家,要在股市獲利,當然要「選股不選市」。因爲行情大部分時間都是在區間盤整,要想打敗大盤,進而投資賺錢,唯有「選對股票」,才能達成。

　　我的理念卻正好相反,我認爲「選市不選股」或許無法讓你迅速致富,但可以讓你穩健獲利。

　　我每次演講,一定會用到以下這張對照表:

| 考量點 | 選股不選市 | 選市不選股 |
|---|---|---|
| 風險 | 高 | 低 |
| 壁紙 | 很有可能 | 絕不可能 |
| 套牢 | 非常擔心 | 不必擔心 |
| 基本分析 | 必要 | 不必 |
| 技術分析 | 容易鈍化 | 值得參考 |
| 消息面 | 必要 | 不必 |

看完之後，我想你大概就會支持「選市不選股」（買0050和0056），而不再迷信「選股不選市」了。

以下就五個層面分析「選股不選市」和「選市不選股」的差異：

第一、風險

個股的風險當然遠大於大盤指數。一來個股可能因經營不善或掏空而下市，成為壁紙，但大盤怎麼會下市，成為壁紙呢？二來個股解套的可能絕對小於大盤，試想即便是國內壽險龍頭國泰金（2882）的前身國泰人壽股價最高來到1975元，而2016年股價一度來到34元以下，怎麼可能重回天價？但是，當時指數最高來到12682點，就算2016年最低點曾到7627，是不是解套機會相對大很多？國泰金這種龍頭股尚且都很難解套，那麼，其他很多近年股價曾超過千元的股王，後來甚至只剩個位數，解套根本就是

天方夜譚。

　　以上所提的股票不管有沒有機會解套，至少還在上市上櫃，要認賠變現仍舊可行，但如今下市下櫃，完全無法交易，被戲稱淪為壁紙的股票，也早就屢見不鮮，不足為奇了。

## 第二、套牢

　　就算個股沒有變壁紙，萬一套牢，只有不到5%的股票可以成為「存股」的標的，不只每年穩定配息，甚至還能順利填息，其他95%的個股，幸者還能讓你順利脫身，不幸者就永世不得超生了。反觀0050和0056，每年都有配息，而且都順利填息，儼然就是「套牢也樂活」的最佳代言股。在後面的篇章會提到我在2015年買的0050曾嚴重套牢，但我毫不擔心，為什麼？在此先賣個關子。就因為不擔心，所以我才成為第一個敢承認自己套牢的理財專家、投資達人。

## 第三、基本分析

　　個股投資當然必須奠基於對公司基本面的了解，但是究竟有多少人真能看得懂財務報表？而且就算看得懂，那也只是代表公司「過去」的經營績效，但大家都知道，買股票是要買公司的「未來」，既然基本分析很難，大家只好到處去追逐股市明牌，下場呢？（不用我說吧！）如果你買賣0050和0056，你還需

要花時間讀財務報表、吸收媒體資訊、分析研判產業的前景和公司的經營績效嗎？

## 第四、技術分析

個股的技術分析容易鈍化，因為充滿想像空間，看好時，指標過熱仍會繼續漲，看壞時，指標超跌仍舊一路跌，此外，也不排除人為的炒作與操控，使技術分析無用武之地。大盤呢？技術指標過熱，一定會反轉，反之，過低時，一定會反彈，而且，哪個作手有能力操控指數呢？

## 第五、消息面

「一個計畫抵不過一個變化，一個變化抵不過一通電話。」道盡了「內線消息」是股市獲利的唯一保證。請問，一般投資人怎麼可能有「內線消息」？看報紙買賣股票，只能任人宰割而已。若是選市不選股，你還需要內線消息嗎？當然不必了。

「選股」當然有機會讓你賺大錢，但你既不懂基本分析和技術分析，又沒有可靠的消息來源，就認分靠指數的波動，來賺安穩的錢吧！

接下來，我將用三篇來分享我在股市投資上所追求的三個目標：「簡單」、「安心」和「風險」。

# 投資股票，
# 可以不花時間和精力

「簡單」的標準就是「幾乎不花任何時間和精力」。

投資股票，本來應該是一件很簡單的事：爲什麼要買股票？爲了「賺錢」。要怎麼賺錢？就是「低買高賣」。但是，爲什麼大家都覺得那麼困難呢？因爲大家要花好多時間研究個股，判斷誰會漲，誰不會漲，然後要研判對的時機來買，但卻常常是跌多了，不敢買，漲多了，也不敢買，每天焦慮難安，最後終於出手了，卻總是追高殺低，結果賠的時候多，賺的時候少。

此外，所有的理財專家都把投資理財講解得好複雜，因爲如果太簡單，大家都很容易懂的話，如何彰顯他專業的形象？他又如何賺得到錢？

「一分耕耘，一分收穫」用在任何地方，都是再正確不過的

道理，唯獨在買賣股票時，並不能完全適用。很多投資人對股票技術面和基本面認真鑽研的程度，遠勝過年輕求學的階段，但是獲利卻常常和付出的精力不成比例，有賺錢還稍堪安慰，沒賺錢豈不是更鬱卒？誰有能耐弄清楚1500家上市上櫃公司？若不弄清楚，又如何篩選出你的觀察名單？絕大部分的投資人都做不到，只好拚命看電視、報紙、雜誌，希望找出會漲的股票，但這些資訊其實都是落後指標，一旦見諸媒體，利多常成了主力倒貨的良機，利空又成了主力進貨的最佳時點。既然這麼辛苦都不一定會賺錢，我們又何必那麼努力呢？如果不要選股，是不是就不必花時間研究個股了？也不必判斷要買哪一支個股了？這就是我一直強調的「選市不選股」的投資理念。

0050和0056的漲跌只和大盤有關，因此完全不用花時間和精力去做個股的基本分析和技術分析，當然就非常簡單了。這時，事情單純到只剩下「何時買？」和「何時賣？」了。這和「判斷」無關，而是看「紀律」。如何掌握買賣時機？各位讀者繼續看下去，就會明瞭了。

我以2016年蔡英文總統520就職前的大盤走勢為例，來做個說明。

每四年一次的總統520就職演說，一直是投資人的夢魘和魔咒。有時是期待新總統對經濟有前瞻樂觀的談話，有時是擔心

談話內容激怒對岸領導人,所以總是讓大家「既期待又怕受傷害」。小英總統當時即將上任,演說內容動見觀瞻,動輒得咎,因此大家乾脆退場觀望,指數從當年3月最高點8840點下跌到7999點,跌幅達到9.5%,不只吐光了當年原有的漲幅,甚至已經倒退嚕,都印證投資人當時的保守與恐慌。

如果小英總統演說承認「九二共識」,保證隔天全部股票都漲停板,如果高喊「台灣獨立」,那就非全部躺平、跌停鎖死不可了。沒有人能「判斷」演講後的兩岸情勢,只能「猜測」。有人猜兩岸關係不致有大變化,有人猜兩岸關係會更加嚴峻。大部分人都相信後者,當然就會看壞後市,不只當時不進場,甚至還可能大舉放空。

有些網友還問我:「520後,不是該大跌嗎?」這是因爲媒體都看衰,但誰說它就「應該」跌呢?

結果呢?指數從7999點一路大漲小回地來到最高點9430點,漲幅17.89%,很多人因爲判斷錯誤,一路空手不敢追,什麼都沒賺到。我在520就職前,大舉進場0050,不是我判斷情勢正確,而是因爲大盤進入相對低檔,技術指標也明確指出來到超賣區,當然就該買了,只要按紀律執行即可,就是這麼簡單,即使賺不到整個波段,但至少也輕鬆賺到一些錢。

只要不選股,只要不判斷總統就職演說對後勢的影響,投資

是不是就變得非常簡單？

正2和反1的操作，方法和0050、0056雷同，但因為我一直建議兩者以當沖為宜，所以需要在盤中密切注意買進賣出的訊號，相對就要花很多時間和精力了。我到了2016年3月才換智慧型手機，因為我一直以買賣0050和0056為主，根本無須時時刻刻盯盤，出門在外也完全沒有上網的需求。

人生有太多的事情要去努力，要去追求，別把寶貴的時間浪費在投資上，用最簡單的方法去做吧！

## 不會比大盤跌得多，
## 這樣至少睡得著覺

　　「安心」的標準就是「晚上睡得著覺」。

　　上一篇提到我在 520 總統就職演說前大舉買進 0050，雖然簡單，但難道完全不怕嗎？

　　爲什麼會害怕呢？一來 0050 幾乎不會變壁紙，二來當時價格約在 60 元左右，每年平均都能配 2 元現金股息，換算股息殖利率達到 3.3%，遠優於定存利率，萬一眞的套牢，傻傻等著領股息就好了。買 0050 或 0056，怎麼可能晚上睡不著覺？

　　我開始買 0050，是在金融海嘯發生後的某個下午，正想午睡時，滿腦子卻都是手中虧損的股票，結果完全無法入睡。我台大畢業，又有證券公司 15 年工作經驗，還不是一樣輸給大盤？正覺沮喪之際，竟靈光乍現，徹底頓悟，如果我手上是和大盤緊密連

動的0050，我的虧損幅度絕不會比大盤跌幅多，這樣我至少睡得著覺啊！

選股當然會焦慮。如果「焦慮」能夠保證你投資股票一定賺錢，那麼「焦慮」就是值得的，但如果不能保證的話，那麼就不該焦慮啊！買了股票之後，每天心情七上八下，工作就不會專心，生活品質也會受影響，何苦來哉？我在每一本書，或是每一場訪問及演講中，最愛強調的就是「投資股票，安心最重要」。

為什麼大部分的投資人都要選股？因為台股大部分的時間都在**區間整理**，這時理財專家和投顧老師就會說「指數空間不大，個股表現為主。」我承認，0050和0056短線走勢和大盤一樣，經常只能用一個「悶」字來形容。但是，大家有沒有想過，為什麼每天都要進進出出呢？這幾年大盤平均一年都有三四波明顯的漲

> 小辭典
>
> **區間整理**
> 股市走勢很難一直上漲或一直下跌，當投資人多空看法不一時，走勢就會膠著在某一區間內。例如2016年第四季，指數就在9000～9400點之間上下起伏，很難跌破9000點，也不易突破9400點。此時，我們就可稱之為「區間整理」。

幅，一年做三四趟，可以穩穩賺10～20%，哪一點不好了？

每天殺進殺出，每天追逐快速輪動的主流個股，因為你認為不管大盤走勢如何溫吞，只要能選到會逆勢大漲的股票，就還是能賺到錢，但這種股票一定是比較投機的，甚至是有主力大戶涉入炒作的，一旦買進，我相信你肯定會非常焦慮。這時，你心裡想的一定都是「明天會漲嗎？現在要不要賣？還會一直漲嗎？要不要過幾天再賣？如果會跌，怎麼辦？要攤平嗎？要停損嗎？還是抱牢等解套？」

如果你還有一份穩定的工作，或許不會太焦慮，但如果你根本無心工作，甚至必須靠股票投資獲利才能賺到足夠的生活費時，這種日子一定是非常難熬的。

有一個順口溜是這樣說的：在錯的時候碰到對的人，是「小三」；在對的時候碰到錯的人是「三小」（請用台語發音，以下同）；在錯的時候碰到錯的人是「衰小」；在對的時候碰到對的人是「豪小」。在感情的路上，大家都希望是最後一種狀況，即使不容易，也是一種嚮往。但是，在投資理財上，只要買到對的股票（標的），就算時候（時機）不一定對，其實也不必擔心。

投資大師柯斯托蘭尼曾說過，一個人牽著狗去公園，縱然狗跑來跑去，忽前忽後，但最終還是會跟主人走進公園。你買進的時機或許不對，讓你一度套牢，但只要公司持續成長獲利，股價

總是會反映基本面而上漲。好公司如此，大盤更不可能只跌不漲吧？但你買到已經逐漸喪失市場競爭優勢的公司，股價就算偶有反彈，終究會一路沉淪。

理財專家和投顧老師最喜歡讓你在「不對」的時機買股票，因為這樣，你就會佩服他們幫你找到「逆勢股」。但是，若能抗跌已經算運氣好了，最後還不是跟著大盤補跌？為什麼要在不對的時機買股票？空手一陣子，難道不行嗎？

大部分的理財專家和投顧老師都不會介紹0050，因為推薦它，顯不出他們的獨到眼光和專業能力。你花錢去參加會員，或去參加講座，聽到這種明牌，一定會要求退費。0050還用你講嗎？大家都知道啊！你非要聽到那些沒聽過的公司，才認為值得。但是買了之後，就一直擔心是不是在幫老師抬轎？自己會不會是最後一隻老鼠？真的有漲，趕快賣掉，結果繼續漲，要不要追回來呢？搞到最後，緊張兮兮，成天焦慮。

請切記，工作收入絕對比投資獲利重要，因為工作一定賺，投資可不一定賺喔！同時，生活品質也比投資的績效更重要。找一個安心投資的方法，才能讓你專心工作，享受生活。

# 累積的配息抵銷股價波動，
# 風險甚至比銀行定存低

看到這裡，我相信大部分的讀者已經能接受0050、0056能讓你「簡單」又「安心」，但如果我說它們的「風險」比銀行定存要低得多，恐怕就不可能有人會同意了。

任何投資理財的教科書，一定會把銀行存款當作是「零風險」的投資，除非你把錢存在衣索匹亞。只要你在台灣的每一家銀行存款不超過新台幣300萬元，國家也會保證你，即使銀行倒閉，你的存款一毛也不會少。

但是，我卻要說，把錢放在銀行定存的風險是100%。怎麼會呢？假設你放100萬元在銀行定存，一年的利息目前大約有11000元，錢只會越來越多，怎麼會變少？金額增加是沒錯，但你的消費能力卻下降了。例如，今天你吃一碗牛肉麵是100元，把這

100元存到銀行放定存，明年拿不到102元，但牛肉麵大概已經漲到105元了。因為定存利率根本無法打敗通貨膨脹率，所以放在定存注定是要賠錢的。一個不可能賺錢的投資，當然風險最大了。

「風險」和「獲利」是攣生兄弟，高獲利一定伴隨高風險，低風險就不能期待有高獲利。大家都知道，期貨是高槓桿的金融工具，能讓你以小搏大，但風險也最大，但它至少是建立在高獲利的期待中。然而，銀行定存根本就不可能有獲利，風險當然就是100%了。

既然連銀行定存都不是零風險，做任何投資就要有面對風險的心理準備。2008年的金融海嘯，雷曼連動債讓多少人傾家蕩產，但諷刺的是，受傷最重的都是最保守的人，因為銀行理財專員告訴他們：「雷曼連動債和定存一樣沒風險，但報酬率又比定存利率要高一點點。」結果，這些保守到完全不敢碰股票的歐吉桑和歐巴桑，只是因為相信「沒風險」和「高一點點」，就把全部身家都押上去了。

還有一個更大的風險，就是錢放在銀行，或許還會被詐騙集團騙光光呢！如果你把「存錢」改成「存股」，這些騙子就騙不走你的錢了。

0050每年平均有2元的現金股息，只要你不是買在190元以上，股息殖利率就至少和銀行定存利率相當。0056每年平均

有 1 元的現金股息,只要你不是買在 95 元以上,你的獲利也不會少於銀行定存。 0050 到 2016 年底之前,最高價為 73.55 元,離 190 元還好遠好遠! 0056 的最高價 29.96 元出現在 2011 年,也離 95 元有一大段的距離。

我從來不會說它們是零風險的標的,因為它們的價格總有起伏。不過,長期來看,只要台灣的政治局勢沒有驚天動地的變化,它的風險就趨近於零,因為即使現在的市價低於你的買進成本,但只要「不賣就不賠」,總有一天透過多年累積的配息就一定能解套。然而以短期來看,當你有變現的需求時,只要你賣出的價格比買進時低,你就得接受虧損的事實。

有一個網友在網路留言酸我,他說當時 0050 的價格只有 65.25 元,如果有人用當年的最高價 73.3 元買進,雖然配了 2 元股息,但本金還倒賠了 8.05 元,因此說我「竟然沾沾自喜」,又說我「寫文章不用大腦」。他其實是用短期股價的波動來否定長期投資 0050 的價值。後來 0050 到隔年(2016 年)最高漲到 73.55 元,不只完全解套,中間還賺了總共 2.85 元的現金股息。我也沒有預知未來股價的能力,但我堅信透過多年累積的配息就可以抵銷股價的波動。

任何的投資都有風險,只看你對這個風險能否承受罷了。我相信, 0050 和 0056 的風險,應該是絕大多數投資人都能夠承受

的。請不要以爲這世界上有零風險的投資，這樣你就不會再被類似雷曼連動債以「零風險」爲訴求的金融商品所傷害了。

不會變壁紙，
又能領股息

投資股票最怕套牢，因為此時一定是在虧損狀態中。理財專家說，一定要設停損點，該認賠就要認賠，最忌一路攤平，攤到躺平。賠錢賣股票，是很掙扎的事，所以一般散戶的做法是「不賣就不賠」。

我認為如果你買的是個股，請一定要聽理財專家的話。但是，如果你買的是0050和0056，就安心套牢，因為不賣就真的不會賠。

為什麼呢？因為它們每年都有股息可以領，股息殖利率都優於定存利率，甚至也優於通貨膨脹率，最重要的是，不斷累積股息，意謂你的成本將持續降低，解套的機會也就越來越高。

讓我們先來看它們每年的股息殖利率，分別用當年最高價和

最低價來算，就可以得出該年的殖利率區間（詳表一和表二）。

表一　0050歷年股息殖利率3.3～4.42%

| 年度 | 當年配息 | 最高價 | 股息殖利率 | 最低價 | 股息殖利率 |
|------|---------|--------|-----------|--------|-----------|
| 2005 | 1.85 | 48.00 | 3.85% | 43.90 | 4.21% |
| 2006 | 4.00 | 59.30 | 6.75% | 49.30 | 8.11% |
| 2007 | 2.50 | 72.30 | 3.46% | 53.05 | 4.71% |
| 2008 | 2.00 | 65.85 | 3.04% | 29.10 | 6.87% |
| 2009 | 1.00 | 55.15 | 1.81% | 30.01 | 3.33% |
| 2010 | 2.20 | 58.10 | 3.79% | 47.95 | 4.59% |
| 2011 | 1.95 | 63.20 | 3.09% | 49.50 | 3.94% |
| 2012 | 1.85 | 56.20 | 3.29% | 47.50 | 3.89% |
| 2013 | 1.35 | 59.15 | 2.28% | 52.95 | 2.55% |
| 2014 | 1.55 | 69.95 | 2.22% | 55.60 | 2.79% |
| 2015 | 2.00 | 73.30 | 2.73% | 55.40 | 3.61% |
| 平均 |  |  | 3.30% |  | 4.42% |

表二　0056歷年股息殖利率4.77～5.85%

| 年度 | 當年配息 | 最高價 | 股息殖利率 | 最低價 | 股息殖利率 |
|------|---------|--------|-----------|--------|-----------|
| 2011 | 2.20 | 29.96 | 7.34% | 23.24 | 9.47% |
| 2012 | 1.30 | 25.90 | 5.02% | 22.18 | 5.86% |
| 2013 | 0.85 | 24.79 | 3.43% | 22.67 | 3.75% |
| 2014 | 1.00 | 26.67 | 3.75% | 23.44 | 4.27% |
| 2015 | 1.00 | 25.40 | 3.94% | 18.76 | 5.33% |
| 2016 | 1.30 | 25.35 | 5.13% | 20.14 | 6.45% |
| 平均 |  |  | 4.77% |  | 5.85% |

　　閱讀以上兩張表格時，有兩點需要提醒大家注意，一是價格都是指除息前的最高價和最低價，二是0050自2016年起，一年將配發兩次股息，但當年只配發一次，第二次在2017年才要發放，為使比較基礎一致，所以暫不計算2016年的股息殖利率。

　　由上述兩張附表得知，0050的殖利率在3.3～4.42%之間，0056則在4.77～5.85%之間，連保險公司和包租公追求的房租投報率2.5～3%都能完勝。

　　接下來，我用一個套牢最嚴重的情形來向各位讀者解釋，只要每年領股息，總有一天就能解套的道理何在？假設你真的是衰神上身，0050買在2007年的最高價72.3元，到了2008年金融海嘯之後，股價跌到歷史低點29.10元，當時你一定會非常沮喪，想說連0050都能賠這麼慘，怎麼辦？請看表三的計算，你就可以安心了。

表三　2007年高點買進0050到2011年一樣能解套

| 年度 | 原始買進價格 | 當年配息 | 配息後的持股成本 | 當年最高價 | 是否解套 |
|------|------|------|------|------|------|
| 2007 | 72.30 | 2.50 | 69.80 | | |
| 2008 | | 2.00 | 67.80 | 65.85 | 否 |
| 2009 | | 1.00 | 66.80 | 55.15 | 否 |
| 2010 | | 2.20 | 64.60 | 58.10 | 否 |
| 2011 | | 1.95 | 62.65 | 63.20 | 是 |

　　你在 2007 年可以領到 2.5 元股息，在 2008 年領 2 元，合計 4.5 元，所以你的持股成本會降到 67.8 元（72.3 ＋ 4.5 ＝ 67.8），但當年最高價只有 65.85 元，所以尚未解套。2009 年，你繼續領 1 元股息，成本降到 66.8 元，但當年最高價 55.15 元還是不到當時的成本 66.8 元，因此依然在套牢中。直到 2011 年，當年最高價 63.2 元，已經超過當時成本價 62.65 元，所以可以宣告解套了。

　　雖然一度賠 43.77 元（72.3 － 28.53 ＝ 43.77），但在四年後，還是順利解套。請問，你 2007 年買的個股，有解套嗎？指數都超過 9000 點了，但我相信非常多的股票仍然解套無望。

　　如果你認為一定要回到原始買進價格 72.3 元才算解套的話，則要等到 2015 年來到最高價 73.3 元，但這 8 年間（2007 ～ 2014 年），總共領了 14.4 元股息，不只解套，還有賺喔！

　　再用同一方法來檢視 0056 若買在 2011 年最高價 29.96 元的話，到了 2014 年也解套了，詳見表四的計算。

表四　2011年高點買進0056到2014年一樣能解套

| 年度 | 原始買進價格 | 當年配息 | 配息後的持股成本 | 當年最高價 | 是否解套 |
|---|---|---|---|---|---|
| 2011 | 29.96 | 2.20 | 27.76 | | |
| 2012 | | 1.30 | 26.46 | 25.90 | 否 |
| 2013 | | 0.85 | 25.61 | 24.79 | 否 |
| 2014 | | 1.00 | 24.61 | 26.67 | 是 |

　　我要再強調一次,只有在投資標的不會變壁紙的前提下,領股
息才有意義,0050和0056完全符合這個條件。此外,領了股息,
還能填息,才不會賠了價差,還要繳綜合所得稅。0050和0056也
符合嗎?請看下篇分曉。

[Why]
為什麼買？——08

# 填息，
# 才算真正賺到

近年來，絕大部分投資人因為很難賺到股票的價差，因此「存股」成了股市投資的主流觀念，「股息殖利率」也成為最重要的投資參考依據。但是，如果不能填息，股息殖利率都是空中樓閣，因為價差上的損失可能吃掉股息，甚至還會倒賠。更慘的是，因為股息已經領了，還要併入綜合所得去繳稅，以及多支付一筆二代健保費，真所謂「賠了夫人又折兵」。換句話說，公司經營不能維持穩定成長，所處產業前景也有疑慮的股票，其實不能因為一兩年的配息，而列入值得長期存股的標的。

很多投資人整天把股息殖利率掛在嘴邊，就自以為屬於穩健保守型，其實他根本就是心存僥倖，以為他買的股票一定會填息，屆時事與願違，他就只能嘆息了。

以宏達電（2498）為例，它曾在股價480元的時候除息，

當年股息40元，換算股息殖利率高達8.33%，若你的所得稅率為40%，扣稅後的股息殖利率就只剩下5%（二代健保費尚未估算在內）。領完之後，它一路狂跌到40元才止跌。這時，你在股價上賠了440元，只賺了40元股息，兩相抵銷，你還賠了400元，若加上當年繳的16元所得稅（股息40元乘以所得稅率40%），你可是總共賠了416元呢！

你可能會說以宏達電為例太極端，那我們來看鴻海（2317）。鴻海2016年配息4元，配股1元，不可謂不高，**除息**前一日收盤價為87.4元，然後一直到年底前，最高只來到84.2元，仍未填息。即便鴻海每年營收獲利都能穩定成長，尚且**貼息**，可見填息是多麼難得的事了。

這10年來，每年都能**填息**的股票太少太少了。就我的印象中，個股可能只有台積電，它2016年配息6元，即使在英國脫歐的風暴期間，居然3天就能填息。

0050每年都能填息嗎？除了2015年當年未能填息，要到隔年才完成外，其他每年都是順利填息的。

0050自2005年配息以來，每年股息最少1元，最多4元，在2014年以前，最短5天填息，最長102天，平均35天。但是2015年以65.9元除息，配息2元後，整整過了251天，到了2016年7月1日，收盤價來到66.25元，才完成填息。

　　2016年開始，0050改成每年配息兩次，第一次在當年7月除
息，配0.85元，只花了7天就填息。因為分兩次配息，每次金額相
對較小，填息機會當然也就相對較高了。每年填息日數，請見下
表：

0050平均填息日數為51天

| 買進年度 | 當年配息 | 填息日數 |
| --- | --- | --- |
| 2005 | 1.85 | 28 |
| 2006 | 4.00 | 68 |
| 2007 | 2.50 | 5 |
| 2008 | 2.00 | 6 |
| 2009 | 1.00 | 24 |
| 2010 | 2.20 | 5 |
| 2011 | 1.95 | 102 |
| 2012 | 1.85 | 36 |
| 2013 | 1.35 | 68 |
| 2014 | 1.55 | 6 |
| 2015 | 2.00 | 251 |
| 2016 | 0.85 | 7 |
| 平均 | 2.02 | 51 |

　　0056在2015年之前，也是從來沒有貼息過。不過，2016年
配息1.3元，再加上除息前一日收盤價25.35元，算它相對高的價
位，填息難度自然就比較高，因此到當年年底仍未填息。好在因
為股價只有二十幾元，就算貼息，應該還在可承受的範圍之內。

**小辭典**

### 除息、貼息、填息

假設某股票當年配2元現金股息，除息日為7月31日。只要在除息前一日，即7月30日仍持有該股票，即可領取每股2元的現金股息。假設7月30日收盤價為50元，隔日開盤價則為48元（50－2＝48），稱為「除息」參考價。假設投資人某甲就是在除息前一日用50元買進一張。如果爾後股價最高只來到49.5元，未能超過50元，就稱為「貼息」，因為雖然賺了2元股息，但價差卻是賠了0.5元（49.5－50＝－0.5），兩相抵銷，只賺了1.5元（2－0.5＝1.5）。爾後股價只要回到50元之上，就稱為「填息」，因為所領的2元股息完全不會被價差抵銷。如果股價來到51元，就賺了3元，其中包括2元股息和1元價差（51－50＝1）。

[Why]
為什麼買？——09

# 0050好？
# 還是0056好？

　　最近很多人引用一位知名財經部落客的文章〈為什麼投資0050比0056好？〉來問我：「0050好？還是0056好？」這個問題其實和「賓士好？還是裕隆好？」是一樣的。當然是賓士好，0050好，這根本是常識，但是如果你只買得起裕隆，就不要羨慕賓士好。同理，如果你是小資族，只買得起0056，也不必勉強自己去買0050，畢竟買一張0050，可以買三張0056。

　　這篇文章有三個論點：

　　第一、0050的年化報酬率為2.8%，0056則為2.1%，所以前者比後者多0.7%。

　　第二、0056內扣費率比0050多0.3%。

第三、0056還有一個隱藏成本，就是週轉率很高。據作者估算，0056比0050多0.26%的交易成本。

這位作者非常專業，我對他算出來的數據無法驗證，但我相信是對的。不過，0050和0056本來就適合不同屬性的投資人和不同的族群，因此上述的比較，理論成分居多，實務上則意義不大。

0056比較適合兩種人：

第一、正在為工作努力打拚，資金不多的小資族。0056近幾年的股價區間不大，約在21～25元之間，可謂非常牛皮，這是缺點，其實也是優點，因為可以讓你買了它之後，幾乎忘了它的存在，然後心無旁鶩，專心認真地工作。此外，0056價位較低，對資金較少的人較易入手，每存到兩萬多元就可以買一張，不像0050這幾年都要六、七萬元才買得起一張。但如果你認為0050更好而非買不可，卻因資金有限，而去買風險較大，又沒有股息的正2和反1，這樣反而可能賺不到0050和0056長期投資的價值。

第二、非常保守，甚至對股票幾乎外行，只敢把錢放在銀行定存的投資人。這種人根本不敢賺價差，0056能提供4～5%的報酬率，遠勝銀行定存利率，我相信早就心滿意足了。0050提供的報酬率約在3～4%之間，是不容易打敗0056的。這種人只看到股息殖利率較高就好，他們才不在乎「**年化報酬率**」、「**內扣費**

率」及「隱藏成本」，甚至他們可能也很難明白這三樣數據的具體內容。

此外，當指數來到9000點以上，0050來到70元以上時，套牢的機率當然比較大，屆時也只能期待領股息來降低成本，以增加解套的機會。如果你套牢到已無資金可以低檔攤平時，股息殖利率成了投資最重要的依據時，0056就一定比0050更吸引人。

如果指數來到8000點以下，0050來到60元以下，如果你不是小資族，也不是非常保守的投資人，我就會建議你以買進0050為優先考慮。

若跌到7000點以下，0050跌到50元以下，任何人當然都該買0050了。

更極端的狀況是，如果跌到5000點以下，我的建議會改成全力買進正2了。

別再看那些鑽牛角尖的比較分析了，0050和0056哪一個適合你，哪一個買了能讓你自在，就買那一個吧！有時候，懂得少一點，反而容易做決定。

**小辭典**

**一、年化報酬率：**

這是指一段期間內的總報酬率，用複利計算出來的每年報酬率。例如拿100萬元來投資，三年後總資產變成130萬元，也就是總共賺了30萬元，每年平均賺10萬元，所以每年的「平均」報酬率是10%。不過，這不是「年化」報酬率，因為它必須用複利來計算。以前述例子來看，其年化報酬率為9.14%。

100萬元 ×（1＋9.14%）×（1＋9.14%）×（1＋9.14%）＝130萬元

**二、內扣費率：**

基金淨值的計算，必須扣除基金公司的經理費和保管費。因為0050、0056、正2、反1其實都是基金，所以必須付給基金公司以上費用，即所謂的「內扣費率」。不過，投資人不必擔心，這些不是你要額外付出的費用，而是由基金公司直接從淨值中扣除。

**三、隱藏成本：**

當基金要買進持股，或換股操作要賣出持股時，就要付給證券公司手續費，以及付給政府證券交易稅。因為投資人無法得到這些交易資訊，所以稱為「隱藏成本」，換句話說，交易越頻繁，隱藏成本就越高。

[Why]
為什麼買？——10

# 0050、0056投資收益，
# 勝過投資、儲蓄、還本型保單

　　某次當我演講完，開放現場來賓提問時，有人問我：「既然0050和0056每年都有穩定的配息，是否就不必再買跟投資有關的保險商品了？」我斬釘截鐵地回他兩個字：「是的。」

　　很多人不敢投資股票，只敢把錢存在銀行裡，或是拿去買保險，目的就是希望不要造成任何的虧損。

　　存在銀行，利息實在少得可憐，所以很多人就希望用買保險來提高收益率。但是，試問有人希望靠買保險來賺錢嗎？我相信大家都希望自己平平安安，應該不會有人期待靠獲得理賠來獲利，因此我認為投保是一種「理財」的行為，而絕對不是拿來「投資」的。「理財」是「管理你的財產」，有些是為了「賺錢」，有些只是為了能「保值」就好，但「投資」的目的就是要「賺錢」。

以前的保險業務員和你談的都是「保障」，現在的頭銜改成「壽險顧問」後，和你談的就變成「投資」了。

如今這個低利的時代，已經讓保險公司幾乎賺不到錢了，怎麼還可能提供像以往一樣的高額保障呢？當年我們只要付很少的保費，就可以得到很大的保障。現在保費變貴，保障變少，你要提高保障，只能透過投資型保單，由自己來選基金，然後自求多福，期待透過所選的基金來增加理賠的金額。保險公司在推銷時，都會提到「預定」報酬率，但請注意，這都是「假設」，不是「保證」喔。你買的基金都很少定期去檢視了，我就不相信你會常常關心投資型保單裡基金的績效變化。

很多人對投資型保單毫無信心，退而求其次，只要能保本、還本就好了，結果讓「儲蓄險」成為主流的商品。以前當然也有，但利率好得多，而現在到期拿回的本利，其實只是比銀行定存好一點點而已。為何大家還是趨之若鶩？因為畢竟還有一個「保險」的包裝和訴求。

不只壽險如此，有些醫療意外險也宣稱滿期後，能夠全額退費，甚至連理賠過的金額也照樣可以，也就是所謂的「還本型保單」。「羊毛出在羊身上」是千年不變的真理，要想全數拿回，保費當然很貴，壽險顧問還會振振有詞地說：「反正最後都會還給你，貴一點也沒關係啊！」保險公司拿你的保費去存銀行，然

後在20年後還給你，經過正常的通貨膨脹後，你拿到的本金早就不能支應20年後的消費水準了。

此外，我也不鼓勵大家為子女投保，來作為他們的「教育基金」。雖然有保險的功能，但你會希望得到理賠嗎？就算子女真的不幸早逝，這件事會影響到家庭的生計嗎？

因此，我一直傾向購買「消費型」保單，沒出事的話，就當是花掉了，但圖的就是保費低。只要把跟「投資」連結的部分拿掉，保費就會低很多。因保費低而省下的錢，一來不會影響生活品質，二來拿去做投資，只要買0050和0056，應該勝過各類「投資」、「儲蓄」或「還本型」保單的投資收益。

除此之外，對於購買保險商品，我還有幾點建議供大家參考：

## 第一、不要認為越多的理賠越好

因為理賠越高，相對保費就越高。請記住，壽險理賠高，得利的是受益人，不是付保費的要保人。只要讓受益人不要有立即的經濟壓力，就盡到了要保人的責任。以我當年投保壽險300萬元為例，這個金額和我房屋貸款的金額完全相同，因此只是為了讓我太太在我萬一身故時，可以拿這筆理賠金付清貸款，因為我相信她有足夠的專業能力可以繼續撫養子女長大成人。

再以醫療險為例，一天病房補助1000元，當然比一天3000元需要支付的保費便宜得多。你有需要住最高等級的病房嗎？難道是你希望多賺一些理賠金額嗎？我相信大家都希望自己平安健康，盡量不要發生需要理賠的事情，那麼你又何必花大錢去買較多的理賠呢？

## 第二、投保要趁早

因為年紀越輕，身故或醫療風險相對就低，保費當然也就越低。很多醫療險都強調繳費期滿，一般都是二十年，保障終身有效。既然保障都一樣，20～40歲的保費當然比50～70歲低很多。我有三個子女，目前都20幾歲，最低門檻的醫療險一年約繳15000元，繳20年後不用再繳，保障永遠有效。我決定幫他們繳到我身故為止，算是老爸送他們的禮物。

## 第三、保險公司越大越好

許多規模較小的公司，即便保單權益超好，也不該浪費時間評估，甚至受其利誘而購買。儘管之前有些保險公司倒閉，政府都用納稅人的血汗錢來保障保戶的權益，但你又何必給自己添麻煩？各金控公司雖然底下都有保險公司，但我還是建議以大家都耳熟能詳的那幾家做優先考慮吧（恕我不能指名道姓）。

## 第四、本國保險公司優於外國保險公司

　　大家千萬不要以爲「外國的月亮比較圓」。外國保險公司或許全球規模更大，專業能力更佳，但動不動就撤出台灣市場，轉賣他人，雖然原有權益應該不會受到影響，但因爲人員異動難免，對服務品質必然有所傷害。

## 第五、盡量向資深保險從業人員買保單

　　公司轉換尙且有影響，如果你的壽險顧問離職，那麼對後續服務的影響程度一定更大。我曾跟一位當時剛進保險業沒多久的好友買保單，但他並無意在業界長期經營和發展，很快就離職了。雖然有人接手服務，但畢竟沒有交情，很快也失了音訊。未來眞有理賠事宜，只好直接和理賠部門聯絡，自己獨立去辦了。反觀賣我壽險保單的業務員則是一路爬升，從區經理做到了督導，徒子徒孫眾多，未來需要他服務的時候，不愁沒有人協助，而這家公司市占率位居全國前三名，也比較沒有被人併購或轉手的疑慮。

　　請記住，保險應該回歸原來「急難救助」的本質，不必再跟投資綁在一起了。投資的事就交給0050和0056吧！

# 情願買正2反1，
# 也不要碰期貨、選擇權、權證

　　有一次我應邀到某南部大學，以「小資理財術」為題，對財經系的大學生發表演講。我已經竭盡所能地諄諄教誨，希望他們畢業後「好好工作，傻傻存錢，存錢就買0056」，但是看來大部分同學還是比較喜歡短線獲利，因為QA的時候，同學不只問了正2和反1的問題，也問到我對期貨的看法。

　　我的結論是：「情願買正2和反1，也不要碰期貨、選擇權、權證，因為能靠後面這三項賺到錢的人，絕非等閒之輩。」

　　我特別舉了發生在演講前幾天的案例，也就是川普當選美國總統當天和之後兩天的大盤走勢。這三天的行情如搭雲霄飛車，投資人如洗三溫暖，恐怕是我征戰股市三十年來所首見。

週三開高走低，指數震盪高達350點，週四跳空大漲208點，週五又跳空大跌194點。很多期貨高手一定會告訴你，三天震盪來回750點，一點200元，一口期貨就能「賺」15萬元，以小搏大，賺得最快。但他們不會告訴你，如果正好做相反，當然就是一口「賠」15萬元。我認為，能夠在這趟驚險之旅中賺到錢的人，可能只有「來自星星的你」的都敏俊教授。

當選當天的行情之所以開高走低，完全和美國總統開票過程有關。開盤時，大家都認為希拉蕊篤定當選，所以大盤以高點開出，豈料川普在台灣時間上午10點左右，開始領先，而且領先票數越來越多，此時股市就如水銀瀉地般直直落，這時期貨玩家一定拚命放空，如果當天收盤平倉的話，真的有可能一口賺100～200點，也就是一口就能賺2～4萬元。不過，當時美股期貨盤也是大跌800點，我真的不相信有人會平倉。反之，大家一定會留倉，準備隔天再狠狠賺它下跌100～200點的暴利。

川普當選已經跌破一堆專家的眼鏡，川普當選還能讓美股大漲，更是讓人匪夷所思。隔天，台股出現報復性反彈，很多留倉的空單肯定被軋空，幸者只是空歡喜一場，沒賺到，不幸者還美夢變噩夢，反而會倒賠。如果你被軋空之後，還反手做多，又留倉多單，那就萬劫不復了，因為第三天居然又大跌近200點。這種兩面挨耳光，多空雙殺的行情，絕對可以讓你在三天內，就在期貨的殺戮戰場上馬革裹屍。

不要再懷抱期貨可以讓你「小錢變大錢」的美夢了。有個網友曾留言給我：「之前有碰過期貨，結果整個心思都在那，感覺不僅影響生活，也讓自己增加不少煩惱。」期貨一定要盯著大盤看，分秒不能歇，那麼工作一定做不好，生活也一定不好過，如果有賺錢，至少還有代價，如果還賠錢，不就財力精力兩頭空？

如果你沒有下列條件，千萬不要隨便進入期貨的競技場。

第一、你的時間要夠多。股市瞬息萬變，一個轉折就牽涉幾千幾萬元，所以你必須從早上八點四十五分開盤盯到下午一點四十五分收盤，連上廁所、吃飯都要速戰速決。請問，你若在工作，甚至還在讀書，怎麼可能做得到？

第二、你的資金要夠多，萬一要補保證金，你能立刻補足，不然期貨公司馬上給你做反向平倉，讓你損失慘重。有錢人有輸錢的條件，他不會輸到沒錢過日子，但是口袋不深的年輕人根本輸不起幾回。

第三、你不能只會從多方角度來思考，而是該多就多，該空就空。不過，一般投資人買賣股票的心態還是比較偏多，擅長放空的人畢竟是少數。期貨要定期結算，甚至盤中也要隨時檢查保證金是否足額，絕不能有「不賣就不賠」的鴕鳥心態。

第四、人生絕對沒有不勞而獲。選擇權比期貨更險惡，尤其

是去做選擇權的「賣方」，也就是「莊家」，賺取到結算時就會消失的時間價值。做莊家太好賺，會讓你誤以爲人生眞能不勞而獲。我常用開車和搭飛機來比喻「買方」和「賣方」。「買方」常會賠錢，但都不多，像開車縱然有擦撞，但不會有性命之虞，不過，只要賠幾次，年輕人大概就輸光僅有的積蓄了。「賣方」大部分時間都賺錢，像搭飛機，失事機率小，但只要一次，不僅賠光，還有可能倒賠。

權證呢？媒體最愛鼓吹小資族買權證來實現夢想，因爲最便宜的權證一張只要 10 元（尚未計入手續費），誰都出得起這筆錢。但是爲什麼這麼便宜呢？因爲這種權證大概快到期了。10 元眞的不多，但賠掉的機率接近 100%。權證最大的風險就是它的時間價值最後會歸零，絕對不是「不賣就不賠」。除非你買的認購權證所連結的個股會大漲，或是你買的認售權證所連結的個股會大跌，否則你很難賺到大錢。一般個股都是小漲小跌、盤整居多，買賣權證眞的很難賺到錢，徒耗精神而已。權證廣告都用大字強調「獲利」，然後用小到幾乎看不見的字提醒「風險」。

和期貨、選擇權、權證相比，正 2 和反 1 沒有到期日結算的問題，也不是保證金交易，所以完全不需要超乎凡人的操作能力，而且就算套牢，只要耐心等待，總有解套的一天。

# 不要再執迷
# 選股不選市了

　　我寫了這麼多應該「選市不選股」的理由之後，希望各位讀者不要再執迷於「選股不選市」的獲利妄想中。以下舉四個2016年的經典個股悲劇來提醒大家，原來選股的風險居然這麼大。

## 第一、浩鼎（4174）內線交易

　　姑且不論前中央研究院院長翁啓惠有無涉入內線交易，這個公司沒營收、沒獲利，股價居然可以飆上755元，就知道會去買的投資人都是基於僥倖的心理。何謂「僥倖」？就是心想即使買在高檔，只要明天續漲，自己還是有得賺，結果常常事與願違，你就成了那隻最後的老鼠。在歷年來的主流類股中最明顯，如當年的網路股、LED、太陽能，以及近幾年的生技股。這些股票有一個共同的特徵，就是營收獲利都不好，但產業遠景卻被高度期

待，也就是它們上漲的理由是「本夢比」，而不是「本益比」。

　　浩鼎根本就不該是散戶投資的標的，因為充滿高度的「資訊不對稱性」。股價兩百多元的時候，沒人相信它，漲到四五百元，大家也不敢追，一直衝到七百元，大家才蜂擁搶進，因為這些人都心存僥倖，只要漲到八百元，不就一樣可以賺到錢？結果就是漲不到八百元，因為它解盲失敗了。一般散戶怎麼可能知道解盲會成功？還是會失敗？買浩鼎純粹就是賭一把。

　　除了「僥倖」之外，「貪婪」和「恐懼」也是股票投資人最要不得的人性。大家一定都聽過股神巴菲特說過一句話：「人家貪婪時，我恐懼。人家恐懼時，我貪婪。」不過，絕大部分的人都是在貪婪時更貪婪，恐懼時更恐懼，結果就是追高殺低。賺少賠多，或是套牢終身，成了絕大多數投資人的宿命。個股投資，為什麼最容易犯貪婪和恐懼的錯？因為它們充滿想像空間，漲時看更好，跌時看更壞。反之，0050和0056沒有想像空間，因為大盤漲多了必跌，跌多了必漲，所以不會過度貪婪和恐懼，反而容易在低檔敢於買進，到了高檔，不會冒險追高，也比較容易停利出場。

## 第二、群聯（8299）涉嫌作假帳

　　群聯是投資人公認的上櫃IC設計績優生，居然也涉嫌作假帳。研究個股基本面，是選股時最重要的功課，而公司的財務

報表，又是研究基本面最重要的依據。如果連續優股的財務報表都有問題，請問還有任何可以信賴的資訊來進行股票的基本分析嗎？

最認真的投資人一般都會仔細閱讀各家公司的財務報表，從各項財務數字和各種財務指標，來選出最有可能上漲的股票。這種選股能夠奏效，有三個前提。首先，財務報表一定要是眞實的。不過，少數不肖的公司甚至會做假帳，坑殺投資人，博達科技就是最知名的案例，它連最專業的會計師和承銷商都能糊弄到信以爲眞。大部分的公司當然不至於做假帳，但很多會計結果的揭露牽涉到一些假設的基礎，所以財報的粉飾其實在所難免。靠財報，眞的能讓你挑到會賺錢的股票嗎？這其實不一定，唯一能確定的是，你比較不會買到地雷股。

其次，你要有財務會計的專業知識，才能讀懂財務報表透露的訊息。請你捫心自問，你有嗎？大部分投資人應該沒有吧？

最後，買股票是買公司的未來，但財務報表揭示的卻是公司過去的經營績效。過去好，不代表未來會一直好；過去不好，也不代表未來不會好，說不定公司研發出一個殺手級的技術，未來會有爆發性的成長，但是財務報表有能力揭示公司未來的獲利潛力嗎？不是不能，而是相關法令不准。

稍微認真的投資人自知不易看懂公司財務報表，但至少知道

要仔細研讀報章雜誌的各種資訊，特別是個別公司的經營現況與未來前景。以時效來說，電視最快，但有時消息未經查證，或許你會因為電視報導而做了錯誤的買賣決定，導致虧損，你能因此告電視台，向他們索賠嗎？其次是經濟日報和工商時報，報導的內容應該是經過仔細查證，比較能夠相信的。不過，所有的投資人都看到同一個消息，你憑什麼認為自己就能賺錢，而別人卻會賠錢？第一手的資訊，叫「情報」，也就是「內線」，擁有情報和內線的人才可能賺到錢。轉了好多手的資訊，叫「消息」，人人都有消息，怎麼有可能賺到錢？甚至可能有不肖的記者早就買進該股票，然後才在報紙發布利多消息，投資人一旦因此搶進，正是他脫手、獲利了結的最好時機。時效最慢的是雜誌，一週一次都嫌慢了，更何況半月刊和月刊。

不認真只求僥倖的投資人，就是到處去打聽明牌，因為這是最不花精力的方法。看財報、看媒體，尚且還不一定賺到錢，你想撿現成的，想不勞而獲，若居然能讓你賺到錢，還有什麼天理可言？試問，這些告訴你明牌的親朋好友，有責任和義務幫你賺錢嗎？如果沒有的話，你又為什麼要相信他？而且，他只告訴你「該買」，但會告訴你什麼時候「該賣」嗎？很多人聽到明牌去買，或許一開始是賺的，但萬一錯過賣出時機，可能就永遠住在套房裡了。

## 第三、樂陞（3662）公開收購破局

用「破局」二字，是相信公司經營高層不知情，但更多人合理懷疑，這是一樁假收購真炒作的騙局。無論是何種原因，投資人都是不該參與的，因為裡面實在是疑點重重。

以往公開收購案真的就像天上掉下來的禮物，買進就穩賺。不過，一旦消息見報之後，當天的股價大概就幾乎等於收購價了，大家若非事前知情，根本賺不到錢。

樂陞案最令人費解之處，就在於見報後，股價居然沒有迅速來到收購價128元附近，反倒一路下跌。有些投資人完全沒有警覺心，還以為跌得越多，賺得就越多。因為不是完全收購，公司還宣稱，如果證券帳戶裡只有一張樂陞的股票，就會「保證」收購，害很多自以為聰明的投資人到處去各證券商開戶，然後各買一張。到頭來真是賠了夫人（時間）又折兵（股價）。

此外，樂陞的營業項目是什麼？要收購它的日商百尺竿頭公司又是什麼來頭？（我甚至覺得這根本不像是日本公司的名字）很多人可能根本都搞不清楚，卻誤以為主管機關通過，就是獲利的保證。

投資人最常犯的毛病就是自以為聰明，卻把旁人都當笨蛋。買進樂陞的股民沾沾自喜之際，難道真的認為其他人就傻到連這

種「不賺白不賺」的好康都不懂嗎？此外，大家都相信這個世界上真的存在零風險的投資工具，才有人誤以為買進樂陞是穩賺不賠的。俗話說得好：「天下沒有白吃的午餐」，投資當然要承擔風險，不要自欺欺人了。

有一度公開收購案真的是穩賺不賠，只是賺多賺少的問題。不過，後來很多公開收購案都充滿了各式各樣的變數，如前幾年的國巨（2327）案，因為金管會不准，真的讓當初買進股票的投資人套牢了很久，甚至認賠出場。此外，又有一些非完全收購的案件，如日月光第一次惡意收購矽品，因為買進後有不確定性，所以股價就很難來到收購價附近，但也絕對不會像樂陞那樣一路下跌。因此，現在想參與公開收購案的投資人，真的要比以前更用功去了解案件的詳細內容了。

公開收購案已經不再是零風險的投資了，再加上相關法令不周延，因此請務必謹慎為之。買賣0050或0056有可能被有心人士設局嗎？這是絕對不可能的事。

## 第四、興航（6702）無預警解散

這是國內首次由董事會直接決議解散公司，然後讓股票下市的案例，結果在公司仍在正常營運下，所有投資人手中的股票已被迫變成壁紙。以往股票變壁紙，都是在公司負債大於資產，瀕

臨倒閉的情形下才會發生。

平心而論，興航的決定絕非惡意，只有直接清算，那些仍有使用價值的飛機和設備才能順利賣掉，得以確保銀行團債權，員工還有依法領取資遣費的機會，但未來真的不敢保證沒有惡意的解散案例會出現。

或許很多早已喪失市場競爭力，根本不想繼續經營，但清算資產仍有價值的公司會比照興航的模式辦理。屆時握有這些股票的投資人肯定投訴無門，欲哭無淚。依法律規定，公司必須優先償還負債，付清員工的資遣費後，才能把剩餘價值還給股東，屆時恐怕早就所剩無幾了。

負責上市股票交易的台灣證券交易所會不會由董事會、股東會逕行決定解散呢？這是絕對不可能的事，所以和大盤連結的0050和0056也絕對不會無故變成壁紙。

財報不可信、資訊太落後、明牌不可靠，請問要怎麼選股呢？0050和0056不必看財報、不必有內線、不必去打聽，輕鬆簡單，不是嗎？

**Part 3**

[How?]
0050
怎麼買？

18%

# 0050教戰守則

0050只有兩招，一招「抱牢」賺股息，一招「K<20，買，K>80，賣」賺價差。你看完絕大部分的理財書籍或聽完相關的演講之後，應該還是不知道該怎麼辦？何時該進場？何時該出場？這兩招絕對是市場上最簡單的投資術，只看你有沒有遵守紀律去執行罷了。我真的就靠這兩招，年年獲利超過18%，還能養活一家七口人。當然，遇到不同的指數區間，或是進入空頭市場，還是應否參加除息，這個方法都有必要做微調。請不要妄想世上真有萬無一失的投資方法，但就算買進0050萬一不幸被套牢，也完全不必愁眉苦臉，照樣可以樂活度日。

# 看K值賺波段

有些讀者覺得我的書比較欠缺實戰面的分享，而有些失望。但是，我一向認為投資其實是非常簡單的事，而且實戰面講得再多，這世界上也不會有萬無一失的方法。武俠小說中的武林高手，常常就只有一招，靠這一招就能成為武林盟主。巴菲特有複雜的操作方法嗎？完全沒有，只是說「要找一塊夠長的坡道，讓雪球越滾越大。」說穿了，就是抱牢那些穩定配息的績優股。我也只有一招，那就是：

**K＜20，買0050，K＞80，賣0050**

只要買賣過股票的人大概都知道K是什麼。K就是**KD指標**（隨機指標）中的K值，它永遠介於0到100之間。K值越低代表股價進入低檔，也就是超賣區，若低於20以下，自低點反彈的機會大增。反之，K值越高代表股價進入高檔，也就是超買區，若高

於80以上，自高點反轉的機會相對也大增。

　　K值和D值的相對位置，則能對後續漲勢或跌勢進行確認。K值從低檔往上穿越D值，代表漲勢確立，要趕快買進。反之，K值從高檔向下跌破D值，則代表跌勢確立，要趕快賣出。只要K值尚未穿越或跌破D值，則可以考慮繼續觀望。

　　很多讀者、網友常問我，為什麼我只看K值，而不看D值？這是因為0050的波段漲幅並不是很大，若等K值和D值的相關位置確定漲勢或跌勢才進出時，可能已經少了兩三%的利潤了。既然0050套牢也不必怕，那就在低檔勇敢買進吧！就算在高檔賣出的時機太早，但至少都有賺，要知足！

小辭典

**KD指標：**
又稱「隨機指標」，由George Lane所研發出來，為目前許多投資人最熟悉的技術指標之一。KD值的計算融入了行情走勢中最高價和最低價的數值，比單純只用收盤價計算的移動平均線（週線、月線、季線、半年線、年線），更具參考性和實用性。

　　有一次在演講場合中，有人問我K值是怎麼算出來的？我大
方承認我不知道，因為任何網站算出來的K值都是一樣的，只要
會看數值是多少，又何必去驗算呢？不過，寫書不一樣，我還是
把公式放在下面，供讀者參考：

$$RSV = \frac{C_n - L_n}{H_n - L_n} \times 100\%$$
$$K_n = \alpha \cdot RSV_n + (1 - \alpha) \cdot K_{n-1}$$
$$D_n = \alpha \cdot K_n + (1 - \alpha) \cdot D_{n-1}$$
$$\alpha = 1 / 3$$

　　我想很多讀者看到這個公式，頭就大了。有興趣深入了解的
人請自行上網去查，沒興趣的人會用就好了。

　　其中最重要，也可以自行修改的參數就是n，因為一般都設
為9，幾乎所有的網站也都採用這個參數，所以我們沒必要去修改
它，不然大家看的K值都不同，就很難討論和溝通了。

　　也有新手投資人連K值怎麼看都不知道，所以我就把如何
在YAHOO網站找到K值的方法也簡單說明如下：

　　請從YAHOO首頁點選「股市」，進入下一頁，再點選中間
一排選項中的「大盤」，再點選中間的「技術分析」，就會看到
大盤指數的技術線圖，然後把原先YAHOO設定的「成交量」旁的

捲軸往下拉，選下一個「KD，J」，就可以在左下角看到K9的數值。因為YAHOO設定的是日線，所以這個數值就是日K。

下一個問題是，該看大盤的K值？還是0050的K值？因為兩者很接近，因此都可以。不過，我習慣看大盤的K值，因為0050除息那一天，K值會明顯下跌，與大盤K值出現較大差異，而0050的50支成分股不會集中在同一天除權息，所以大盤的K值不會在某一天出現極度異常的情形。

同樣的方法能用在個股上嗎？據我的觀察，大概台積電還能適用，其他個股若用這一招，常常會踢到鐵板，那是因為個股充滿想像空間，看好時，什麼都是利多，看壞時，什麼都是利空。例如，宏達電（2498）從幾百元一路狂飆到1000元時，K已經來到98，幾乎要破表，但它照樣不回檔，一路挺進1300元，然後一路狂跌到300元時，K只剩下2，若依常理判斷，當然該買，但它偏不反彈，還是繼續下跌，甚至一度來到40元附近。

宏達電的例子還沒有人為炒作的因素在內，若是碰到小型股，只要有作手介入，KD值就完全沒有參考性了。

除非碰到金融海嘯那種全球性的系統風險，大盤的KD值才可能會鈍化，否則大盤漲多了，一定會回檔，跌多了，也一定會反彈。最重要的是，沒有任何人有能力操控大盤指數，即便是國安基金，碰到大盤，也是影響性有限。

2017年起，台灣證券交易所開放投資人可以定期定額買股票，若你因為資金不多，必須採用這個方法買進0050，還需要看日K值嗎？

你設定的定期扣款的日期，日K值是多少？根本無從事先得知和規劃，所以也就不用管了。長期投資的結果，你的平均買進成本大概會落在這段期間的中間價，至少不可能是最高價，但也不能期待會買在最低價。

如果你的資金比較多，我建議你還是看到日K<20再買，短期風險會比較低，就不必考慮定期定額的方法了。

# 每年大約有3波K<20

　　很多來參加演講的聽眾都問過這個問題：「K<20，一年會發生幾次？大概都在哪幾個月？」第一個問題，比較好回答。據我的統計，近幾年來，每年都有3～4次。第二個問題就難了，因為沒什麼規律，真的只能耐心等待。

　　很多媒體常常會去統計某個特定期間的大盤漲跌機率和漲跌幅度，但我認為毫無參考意義，因為每一年的統計期間所發生的政治經濟事件絕不可能一樣，怎能用機率去解讀？因此，K<20隨時都會來，也可能很久都不來。誰說每天都要進出股票呢？

　　我以2016年為例，第一次發生在1月，當時K<20好多天，我
們就照紀律分批買進，最低價在56元左右，到了3月，當時K>80
也有很多天，我們就照紀律陸續出脫，最高價在64元左右，漲幅
為14%。我不相信有人能全部買在最低價，全部賣在最高價，但
打個三五折，賺5～7%應該是合理的獲利率（詳圖一和圖二）。

圖一　2016年第一次 K＜20

線圖出自Yahoo奇摩股市

圖二　2016年第一次 K＞80

線圖出自 Yahoo 奇摩股市

　　雖然我都是以看大盤日K爲主，但如果以上二圖用大盤走勢來表達，讀者就很難了解該期間0050的股價，因此爲了閱讀方便，我在此用的是0050的股價走勢圖。以下都採同樣表達的方法，之後就不再重複說明。

　　第二次發生在5月，最低價在60元左右，結束在6月，最高
價在65元左右，漲幅略小，約為8%。還是打個三五折計算合理
的獲利率，應該也有3～4%（詳圖三和圖四）。

圖三　2016年第二次 K＜20

線圖出自Yahoo奇摩股市

圖四 2016年第二次 K＞80

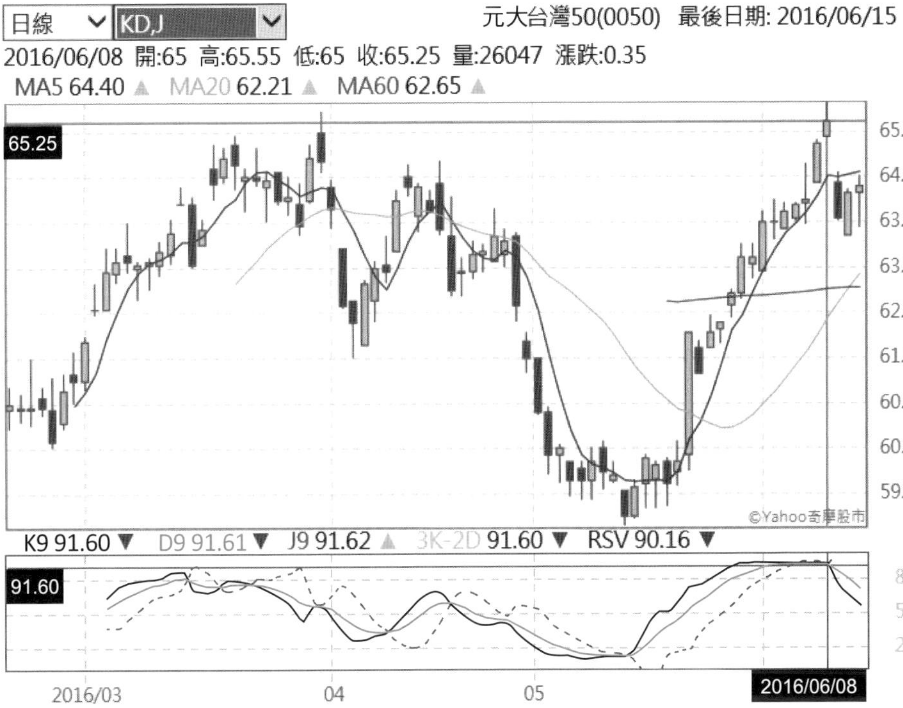
日線
KD,J
元大台灣50(0050) 最後日期: 2016/06/15
2016/06/08 開:65 高:65.55 低:65 收:65.25 量:26047 漲跌:0.35
MA5 64.40 MA20 62.21 MA60 62.65
65.25
65.1
64.4
63.7
63.0
62.3
61.6
60.9
60.2
59.5
©Yahoo奇摩股市
K9 91.60 D9 91.61 J9 91.62 3K-2D 91.60 RSV 90.16
91.60
80
50
20
2016/03
04
05
2016/06/08

線圖出自Yahoo奇摩股市

　　第三次發生在11月，最低價約在70元左右，結束在12月，
最高價在73.55元，漲幅相對小很多。畢竟指數來到9000點以
上，0050股價來到70元以上，大家都覺得「高處不勝寒」，所
以進出意願相對就低很多。就算這一次沒賺到，前兩次加起來，
應該有8～11%，其實也是可以接受的年度報酬率（詳圖五和圖
六）。

圖五　2016年第三次 K＜20

線圖出自Yahoo奇摩股市

圖六　2016年第三次 K＞80

線圖出自Yahoo奇摩股市

「長期投資好？還是波段操作好？」一直是投資人心中最大的掙扎，也永遠沒有正確答案。從事後來看，2016年當然是長期投資好，但這段期間會碰到小英總統就職的變數、英國意外脫歐、美國可能升息，還有連川普都當上了美國總統，怎可能期待投資人可以鎮定以對？因此在適當的時機獲利了結、落袋為安，

其實才是比較安全穩當的做法。很多投顧老師常常吹噓他們操作方法如何神準，其實說穿了，只是事後看圖說故事。

此外，當年0050最高價來到73.55元，結果用我的方法也不過只能賣到65元，不是少賺了很多錢嗎？

這又是另一個事後諸葛的問題。在2016年台灣景氣依舊不振，GDP成長率能否保一都爭論不休的情形下，能夠預測大盤會漲到9000點、0050會漲到70元以上的人，絕對是擁有特異功能的奇人。

由於全球處於低利環境，甚至負利率當道，造成游資氾濫，使得經濟慘況和股市榮景完全脫鉤，再加上外資當年連續好幾個月期貨多單動輒六到八萬口，讓台股高檔鈍化，0050才一度走高到73.55元。因此，我的這一招應該略作修正，雖然K早已大於80，但只要外資持續在期貨作多，0050就可以續抱，直到外資翻多為空，再大量賣出也不遲。

不過，我建議大家要知足，這麼「輕輕鬆鬆」賺到8～11%，其實已經勝過絕大多數的投資人了，不是嗎？而且用這一招來作為買賣的依據，不是很簡單？很安心？而且風險很低嗎？

[How]
0050
怎麼買? —— 03

# 要消除恐懼，
# 紀律比判斷重要

　　我提到K的時候，若不特別說明，一般指的都是日K。其實K有很多種，包括日K、週K、月K，甚至盤中還有5分K、10分K、30分K，和60分K。那麼，我們應該要看哪一種K呢?

　　我習慣還是看日K。因為要等到週K＜20，是很不容易的，若要等到月K＜20，可能甚至要好幾年才會看到一次。當然，等到月K＜20時才買進，其風險一定遠小於週K＜20時。同樣的道理，等到週K＜20時才買進，其風險一定也遠小於日K＜20時。不過，買進0050真的需要這麼保守嗎?我認為真的不必等到月K＜20才進場。上一次月K＜20，甚至月K＜10的時候，就是2008年金融海嘯時，人的一生能碰到幾次大崩盤呢?況且真的遇上這種全球性大風暴，你還不一定有勇氣進場買進呢!

　　如果你能碰到日 K 和週 K 同時都<20 的機會，就已經是「天賜良緣」了。不過，就算只有日 K<20，當時也一定是碰到了某些利空，導致大盤下跌，很多投資人或許會擔心還要繼續跌而不敢進場，結果錯失低檔買進的時機，事後才哀嘆「早知道就該買了」。我在此要特別強調，「紀律」比「判斷」重要，唯有遵守紀律，才能消除人性中的恐懼。試想，股市人人樂觀看好之時，日 K 怎麼可能會<20？

　　下一個問題是，要看 5 分 K、10 分 K、30 分 K，和 60 分 K 嗎？台股一年交易天數若以 250 天計算，當天行情劇烈起伏的天數可能不到 1/10，也就是大概 25～30 天，所以我一般很少去看盤中的「分」K。

　　我在寫第一本書《只買一支股，勝過 18%》時，為了要寫當沖的技巧，等了非常多天，直到 2012 年 11 月 1 日才終於給了我一個指數上沖下洗的交易日。當天 9:30，我看到大盤 5 分 K 跌到 5 以下，0050 的股價來到 49.6 元左右，開始進場買進，然後在 12:00 和下午 1:00 時，5 分 K 來到 90 以上，分兩批用 50.5 元賣出，落袋為安。當時沾沾自喜，真的被我逮到了當天的最低價和最高價，因為這是所有投資人都想追求的極致績效。但是，若以 2016 年最高價來看，0050 都來到了 73.55 元以上，與當初買進價不到 50 元來比較，價差高達 23 元以上，若再加上這四年來的合計配息 7.6 元，總計賺了超過 30 元，四年報酬率超過 60%，結果我當天只賺

了2%。我真的很後悔，當時為什麼要賣掉？短暫的爽快，換來的是多年的懊惱。

不過，時空已經有了很大的改變。0050的價位在2016年已來到歷史相對高檔，大家恐怕也不敢用此價格來做長期持有，「落袋為安」反而成了現階段比較安全保守的做法。幸好現在有了0050的衍生性商品，也就是正2和反1，價格相對當年只能用0050來做當沖要便宜多了。

關於如何用正2和反1來做當沖，後面還有專篇會說明，在此先略過。

[How]
0050
怎麼買？ —— 04

# 為什麼是
# 20/80？

　　念過財經企管相關科系，或常看這一類書籍的讀者，大概對「80/20」法則不陌生，例如20%的產品佔公司營收的80%，或是80%的財富集中在20%的人手中。因此，我也把買賣0050的紀律用這個類似的口訣「K＜20買，K＞80賣」來表達，讓大家容易記憶。

　　K永遠介於0到100之間，K＜20當然就是相對低檔的位置，該買進；K＞80則肯定是相對高檔的位置，該賣出。

　　很多人的第一個質疑就是，為何是20和80？為何不是30和70？又為何不是任何數字的組合？我沒有充分的理由來支持我的做法，甚至在大學演講的時候，開玩笑地說這個題目很適合拿來做博士論文，或許「K＜18.53買，K＞86.97賣」才是最佳策略

（這是我隨便舉的例，千萬別當眞。此外，誰說兩個數字加起來一定要是100？），但這樣很可能不見得容易記得住。

第二個困惑是，如果看到K值來到21，雖然還沒小於20，該不該進場買呢？我的答覆是「當然可以進場啊！」既然我的「20/80」是概略的說法，就不要拘泥在絕對的數字上。同理，K值來到79，雖然還沒大於80，也是可以考慮賣出的時候。

有人又問：「如果看到K＞70，而且已經賺錢了，可不可以就賣了呢？」如果這時候賣，讓你很安心，又已經賺到錢，我認爲你就可以賣了。如果一定要等到大於80才賣，會讓你開始焦慮的話，那眞的不該等了，趕快賣吧！

有人也擔心，如果等不到 K＜20 的進場時機，可否在K＜30，甚至K＜40就買進0050呢？這個問題，要分兩個層面來回答，一是你有多少錢？二是當時的指數是多少？

如果你的錢只能買5～10張0050，請你一定要耐心等到K＜20才買，因爲你沒有往下攤平的本錢。如果你的錢夠買50張以上，我建議在K＜40時就開始酌量買進吧！如果你連5張都買不起，請你去買0056。如果可以買10張以上，但不到50張的人呢？那就順著自己的感覺走吧！

如果當時指數在9000點以上，0050股價在70元以上，請耐心

等K＜20再進場，而且不宜投入太多資金，頂多買到你財力的1/3就好了。如果當時指數在7000點以下，0050股價在50元以下，就算K＜40進場，買到的價格應該在歷史相對低檔區，即使套牢，一來解套容易，二來股息殖利率也會比較高。

最後一個問題最專業：「這個法則同時適用多頭市場和空頭市場嗎？」我想用一完整的篇章來好好回答這個問題，因此請翻到下一頁，讓我們繼續看下去。

# 遇到空頭市場，
# 怎麼辦？

我這一招「K＜20買，K＞80賣」在2008年到2014年之間，從來沒有失手過，百分之百賺錢，只是賺多賺少的問題而已。但是，到了2015年，卻踢到了鐵板，讓我套牢了300張。

我願意承認我套牢，因爲我一點都不擔憂，但總得避免未來重蹈覆轍，所以我開始檢討這一招究竟哪裡出了差錯？原來是碰到**空頭市場**時，需要作一些微調。

2015年，大盤指數從最高點10014點一路走低，到了8月下旬股災那天，盤中甚至重挫到7203點，不只是當年低點，也是2013年以來的最低點。當年在跌破季線後，就從來沒有站回去過，分明就是一個典型的空頭市場的型態。不過，我和絕大多數的投資人一樣，心態始終偏多，導致明明是空頭市場，卻還在用

多頭市場的思維在操作。

我當年仍然秉持原有的紀律，在三次 K＜20 的時機，都買進了 0050。雖然後來確實都有漲，但從來沒有看到 K＞80 的時候，讓我根本沒機會賣掉。事後來看，很多人會說，別等到 K＞80 才賣啊！K 大於 60，甚至大於 50 的時候就該賣啦！當時我之所以堅持一定要按紀律操作，是認為股市操作怎麼可以用猜的？既然之前都正確，只要這方法「十拿九穩八勝算」，我就該堅定信念，即使套牢也不該動搖，只是沒想到套牢這麼多？

我每次演講都會提到股災那天，0050 跌到 55.4 元，然後問大家：「你們猜我那一天買了多少張？」

正當大家七嘴八舌之際，我說：「我一張都沒買，為什麼？」

大家都是一臉不可置信，然後總有人會說：「老師沒錢了。」

我大笑：「你答對了，我套在 66 元。」全場譁然，因為比最低價足足多了 10 元左右。

「為什麼我套牢這麼多？因為 K 都沒有來到 80 以上。」

雖然到了 2016 年全部解套還有賺，而且就算套牢，我也有一

套樂活的應對之道（請詳見後面的篇章），但套牢的結果還是證明這套方法有漏洞。

我在另一本著作《年年18%，一生理財這樣做就對了》有作修正，只要確定大盤進入空頭市場，那一招就該改成：

**K<10，買0050，K>70，賣0050**

如何確定空頭市場來臨了呢？就要觀察大盤如果跌破季線，而且在短期內都無法回到季線之上，應該就可以確立是空頭走勢了。基於保守原則，我們就不該期待K＞80了。如果大盤又是在9000點以上開始進入空頭市場，我建議K＞60以上，就該考慮落袋為安。進入空頭市場，作多當然不能期待賺很多，只要有賺就好，甚至可能要改買反1來尋求獲利了。

**小辭典**

**空頭市場**

要區分「多頭市場」和「空頭市場」最主要的判斷指標就是「季線」，也
就是三個月的平均線。跌破季線就反彈的話，可視為多頭市場，但若跌破
後，短期內無法站回季線，就該視為空頭市場。「短期」一般指一兩個星
期，但也並非絕對，若超過一個月，無法回到季線，那就幾乎可以確認進

線圖出自 Yahoo 奇摩股市

入空頭市場了。

例如2016年12月21日，指數收9204點，跌破季線（MA60）的9210點（如左頁圖），但在當年最後一個交易日，指數收9253點，已經站回季線9199點（如右頁圖），可視為暫時化解進入空頭市場的危機。

線圖出自 Yahoo 奇摩股市

[How]
0050
怎麼買？ —— 06

# 不同指數區間，
# 該有不同做法

談完空頭市場該怎麼微調後，難道多頭市場就不必略作修正嗎？我認為，不同的指數區間，也該有不同的做法。

我的第一本書《只買一支股，勝過18%》雖然是2012年底就出版了，但這幾年仍一直熱銷中。有些讀者問我，當時建議的操作方法，特別是以下引述的這一段，我在該書中稱之為「快速累積法」，是否任何時候都適用？

大盤日K值在20以下，「每天」就大膽買進5張吧！K值落在20到40之間，「每天」就買4張；40到60之間，「每天」買3張；60到80之間，「每天」買2張；80到90之間，「每天」買1張。如果K值來到90以上時，你可以有兩個選擇：

A方案：死也不賣0050！

　　B方案：開始陸續調節，賺點價差。90以上，「一次」賣5張；80到90之間，「一次」賣4張；60到80之間，「一次」賣3張；40到60之間，「一次」賣2張；40以下，就別賣了，開始往下買。

　　不過，請大家注意，我說「買進」的時候是「每天」買，但「賣出」的時候，每個K值區間只要賣「一次」。所以希望讀者買的多，賣的少。

　　沒看過我第一本書的讀者看到上述做法，一定會很奇怪，我的方法明明就很簡單，不就是「K＜20，買，K＞80，賣」嗎？怎麼變複雜了呢？其實，複雜的方法適用2012年以前，簡單的方法適用2013年以後。

　　我的第一本書寫於2012年下半年，用這個方法快速累積我的部位。自2008年金融海嘯後，我只專注買0050，一直到2012年底，指數大概都在7000點以下，0050股價大約都在50元以下，因為屬於相對低檔的投資區間，風險也相對較小，所以應該要建立較大的部位。這個做法強調「買的多，賣的少」，是比較傾向指數相對較低時的長期投資法。

　　但是，2013年迄今，指數大概都在7000點以上，0050股價大約都在50元以上，因為屬於相對高檔的投資區間，風險也比較大，所以我2013年之後所寫的書，或接受媒體專訪，或對

外公開演講，都只說「K＜20，買，K＞80，賣」，而不再有「K20〜40，買四張，K40〜60，買三張……」的說法。這個做法是因應指數相對較高的狀況，所以採取波段操作會比較安全。

如果你拿2012年以前的做法用在2013年以後，不一定適用，甚且還有套牢的風險。因此，也要提醒讀者，投資理財類的書應該都只有一年的賞味期，千萬不能把好幾年前的用法依然套用在當前的情形，因為時空環境早就不同了。

2016年下半年之後，指數多在9000點以上，0050的股價多在70元以上，因為都屬歷史高檔區，我開始有些戒慎恐懼，因為賺價差的機會相對較小，所以改以股息殖利率為最重要的考量，而轉向建立0056的部位。

不論你看到本書時，指數在什麼區間，我想本篇應該可以給你一個比較明確的建議。如果現在跌到5000點以下了呢？我或許會建議大家買正2喔！當然屆時也可能再寫一本書，專講適用5000點以下的操作方法吧！

# 要分批?
# 還是全押?

　　「如果 K＜20 只有一天,該不該一次就把現金通通變成0050?」這個問題經常在我演講後的Q&A時間被提出來。

　　我總是這樣回答:「我不會全押,還是會分批買進。沒有人知道 K＜20 會持續幾天,萬一你全押之後,指數和0050又繼續跌,你不就當場套牢了?我們絕對不能事後看圖說故事,也不要常常懊悔『早知道……』。」

　　如果真的只有一天可以買,這種分批的做法不就賺不多了嗎?我承認確實會發生這種情形,但我都勸當場的聽眾說:「就隨緣吧!」乍聽之下,大家都不可置信,再想一下,大家就豁然開朗了。如果根本無從判斷會有幾天,真的就聽天由命吧!我不會像大部分的理財專家,一定要找出一個系統化的方法,因為這

只是「事後」分析的結果罷了。很多認同我的讀者或聽眾常說，我的投資方法不是最吸引他們的地方，反而是人生態度給了他們很大的啟發。

只要 K 一跌破 20，我就會毫不猶豫地開始分批進場買進 0050，然後持續買到 K＞20 為止。很多人都很貪心，或者說是很擔心，希望再觀察幾天，或許能買到更低的價格，但如果真的只有一天，不就完全錯失了賺錢的機會嗎？大家都自以為聰明，但其實買賣 0050，傻一點真的不是壞事。

我從 2013 年開始推薦 0050，當時股價五十幾元，大家都嫌貴，要等到跌破 50 元再買，因為很多理財專家都說，50 元以下才是 0050 的合理價位（但他們都說不出任何合理的原因）。2014 年，我還是只推薦 0050，當時價格六十幾元，大家依然嫌貴，想說五十幾元都沒買了，當然不該在六十幾元進場。到了 2015 年，0050 來到 70 元以上，大家忍不住了，結果買在最高點。雖然有股息可以領，但終究還是處於套牢的狀態，到 2016 年才完全解套。

0050 若在 60 元以下，或許可以在看到 K＜20 的時候，大膽一次全押，但超過 60 元以上，我還是建議分批較安全。到了 70 元以上，不只一定要分批，而且如果一年真的只有三波漲幅，每波最好都只買到可動用資金的三分之一，最多不宜超過二分之一。比

如，你的財力能買30張，那就買10張，最多不超過15張，因為此刻K＜20的時候，股價可能都還在70元以上。萬一它繼續跌，你並不會全數套牢，等到下次K＜20的時候，你還有資金可以買到更低的價位。

同樣的道理，看到K＞80，是不是要一次全數出清？當然不是。分批賣出，還是比較穩當安全的做法。我在前一章甚至有提到，7000點和50元以下，要「買的多，賣的少」，千萬不要把低價位的0050都賣光，因為很可能好幾年都不會再有機會買了。

2016年，台股成交量持續萎縮，外資自拉自唱，內資則多在觀望，害外資持續期貨現貨同時作多，卻一直沒有好機會能順利下車、獲利出場。當年外資期貨多單留倉每天少則六萬口，多則甚至上看九萬口，都是近年來非常罕見的情形，因此0050也發生難得一見K＞80後卻出現高檔持續鈍化的現象。以小英總統520就職後，0050股價由59元一路以幾乎不回頭的方式，漲到最高點73.55元，但是股價來到63元時，K早就大於80了，你若一次全數賣光，每股就少賺了10元，每張就少賺了1萬元。

我在當年也無法賣到70元以上，就是忽略了外資期貨持續作多的心態。雖然獲利率還是超過18%，但少賺了很多錢，還是覺得很遺憾。

# 眞的可以
# 年年18%嗎？

　　凡是阿諾‧史瓦辛格（Arnold Schwarzenegger）演的電影，片名都有「魔鬼」二字，李奧納多‧狄卡皮歐（Leonardo DiCaprio）演的電影則一定有「神鬼」二字，而我的理財書，只要冠上「18%」，就是暢銷的保證。大家都很好奇，我眞的每年獲利都超過18%嗎？

　　我不是投信公司，也不是券商自營部，當然不用製作財務報表，所以我並不清楚確切的報酬率，但我相信一定比這個數字高。我在44歲離開職場時，存款有1000萬元，靠著這些錢來投資，每年至少支付一家七口生活費100萬元，12年總共花了1200萬元，後來又買房一間800萬元，到2015年最高持有0050共1500萬元（註），三者合計3500萬元，扣除本金1000萬元，12年合計賺2500萬元，平均每年超過200萬元，所以超過18%，是千眞萬

確的事。其中還有一筆我們夫婦在2014年花了50萬元去搭郵輪玩地中海的旅費沒算進去喔！

不過，眼尖的讀者會發現，我在前面的篇章提到，2016年時，我用那一招，常常賣太早了，這樣還有18%嗎？

我可以斬釘截鐵地回答各位：「有的。」這並不是說我每一波都買在最低點，因為我都是分批買進，因此只能說買在相對低價區。當年1月和5月的兩次K＜20的天數都在10天左右，所以夠我買很多張，再加上我並不是等到K＜20才開始進場，因為有時候我在K＜40就會酌量買一些了。

這不是違反自己的紀律嗎？我想這要分兩方面來說明：

第一、若以2016下半年0050的股價多在70元以上來計算，我的資金部位最多可以買到200張，所以當然有本錢在K＜40就開始買，這樣就能賺到K＜40漲到K＞80以上的漲幅，積少成多，也是一筆可觀的獲利。同時，我在2016年開始增加0056的部位，享受它超過5%的股息殖利率，都是我能年年超過18%的原因。換句話說，0050真的比較適合資金部位大的投資人。

第二、每位讀者的資金部位有大有小，我當然不可能為每一個人量身打造不同的投資策略。為符合絕大多數讀者的需求，我希望大家要等到K＜20才進場，這樣風險相對比較低，不然叫大

家K＜40就進場，萬一立刻套牢，大家就會懷疑這一招的實用性。

後來很多理財書開始在報酬率上做文章，從20%、25%、50%，一直到87%。我的18%其實不是「報酬率」的概念，而是「人生態度」的概念：「自己沒有資格享有公教人員優惠存款利率18%不要覺得委屈，只要透過簡單安穩的投資，一樣有機會擁有18%。」

因此，我不希望大家真的把18%作為你們的目標。用我這套方法，一年穩穩當當賺到10%左右，是絕對可行的。因為如此簡單，當然就容易複製。一年報酬率10%，好不好？絕大多數的投資人應該可以滿意吧？就算10%應該可行，但我希望大家要把目標再訂低一點。為什麼呢？

我每次演講，都一定會問聽眾一個問題：「請問大家，每年的一月一日，誰會為今年的股票投資報酬率訂下年度目標？」每一次的反應其實都一樣，因為從來沒有一個人這麼做過。然後，我接著問：「那麼，你們的目標是什麼？」大部分的人都是一臉茫然，偶爾會有幾個人怯怯地說：「越多越好。」

各位讀者，你們有訂目標嗎？或者你們也認為「就是越多越好嘛！」

「越多越好」當然好，但是各位有沒有想過，其實不就是這

四個字害你在股市賠錢嗎？因為你每天都想殺進殺出，以為只要每一次都對，獲利就會越來越多。這種期待就會讓你心存僥倖，而這種心態絕對是股市投資最大的致命傷。

如果你訂了目標，反而不會躁進，真的能夠耐心等到低點才進場。只要逢低買進，目標達成的可能性當然會提高很多，這樣就不會冒險追高，增加套牢的風險。

不過，如果你訂的目標是一年要賺200%，甚至更高，那和「越多越好」也沒有兩樣，因為這種目標太不切實際，只有投顧老師才吹噓得出來。

那麼，究竟該訂多少呢？把目標訂低一點，因為容易達成，就不會讓自己冒太多風險。只要買點抓得好，就算賣早了，都還有錢賺。如果訂高一點，風險當然相對高一些。以為只要賣的時機對，還是有錢賺，但抓賣點其實是非常不容易的。

只要打敗一年期定存利率，就可以了嗎？我認為，這樣又太保守了，因為定存利率有些甚至不到1%，根本就趕不上物價上漲的速度了。

為了至少讓今年還可以和去年擁有一樣的消費能力，你應該把報酬率的目標設定在打敗「通貨膨脹率」，而不能只以打敗「定存利率」為滿足。因此，我認為投資報酬率的目標至少要訂

在5%以上。

「5%，難不難？」所有的聽眾都異口同聲說：「不難！」因為5%的目標不高，你就不必非要找到逆勢股或潛力股不可，只要在大盤低檔區買0050，應該就能輕易達成。既然這樣就能賺5%，又何必擔驚受怕買小型股呢？

以2016年1月的第一波為例，只要照紀律做，一定輕輕鬆鬆賺到5%。既然年度目標在第一季就完成了，你一定會氣定神閒地等到5月，第二次K＜20時再進場，然後再賺5%。這樣每波都以5%作目標，離18%就真的不遠了。

> 註：我在 2015 年套牢 300 張，約 2000 萬元，其中我出了 1500 萬元，其他則是我太太這12年存下的500萬元。

# 大跌要買，
# 大漲就賣

　　2016年有兩天盤中暴跌，第一次是6月24日，英國公投決定脫歐，第二次是11月9日，川普在美國總統大選中，一路領先希拉蕊。因為都是意外的結果，所以盤中都出現暴跌的走勢。

　　猶記得當年金馬獎影帝大熱門人選許冠文在典禮上，回答主持人陶晶瑩的訪問時曾說：「今年呼聲最高的，最後都落選了。」他也一語成讖，最後真的沒拿到最佳男主角獎。

　　被投資人期待已久的利多和利空，真的實現時，反而都是利多出盡或利空出盡。一旦出現突發的狀況，才是真正的利多和利空，而且一定會在盤中立刻且劇烈地反映出來。

　　6月24日英國公投當天，股市上沖下洗的走勢，其戲劇性直追電影《奪命金》中的劇情。當天先下跌110點，然後半小時內反

彈回平盤，再一路狂跌300點，來到當天最低點8374點，再慢慢收斂跌幅，最後收盤下跌199點，收在8476點，剛剛好穩在季線之上。當天行情上下起伏，如坐雲霄飛車，完全看英國脫歐公投的開票變化情形而定。

英國脫歐，對全球金融體系影響至關重大。公投之前，脫歐留歐勢均力敵，全球股市因為這項不確定性而先以下跌來回應，結果一顆子彈才讓留歐派略占上風。直到公投前一天，留歐看來大勢底定，全球股市就以持續反彈來慶祝。

在6月24日台股開盤前，當時公投也尚未有任何開票結果時，你有準備好任何因應策略嗎？如果留歐獲勝，或許會大漲，但只能視為利多出盡，接著應該會引來獲利回吐的賣壓，因為維持住現狀，哪有什麼值得慶祝的？萬一脫歐逆轉勝，就成了黑天鵝，是實質的利空，甚至有人預言，其爆炸性將直追2008年金融海嘯。

因此，以後碰到這種攸關全球股市的重大事件，千萬不要去做判斷。雖然理性上，留歐一定對金融市場較好，但感性上，也不能小看英國人的民族優越感。我們又不是英國人，有什麼資格來判斷公投的結果？股市投資人當然都是從金融角度來思考，但你怎麼能認為所有人都是股市投資人呢？如果你不輕言判斷，就不會押注在任何一方，不論是作多或作空。

脫歐獲勝，很多人相信股市將自此走空，誰又會料想得到，不到一個月的時間，大盤居然能來到9000點以上？

要等到什麼時候才可以進場呢？很多人可能會說，跌到8000點，我就要進場。為什麼是8000點呢？因為它是前波的最低點，同時也是整數關卡，而且跌了1000點這麼多，當然「敢」買了。我對這種猜測，非常不以為然，因為能跌1000點，就代表大家都非常悲觀台灣的政經情勢。你現在說「敢」買，我相信屆時你才「不敢」買呢！或許你會說，跌回當年一月的最低點7627點，你「一定」會進場，但這樣是又多跌了300多點，那麼屆時台灣前景可能更堪慮，你更「不可能」會進場了。

我在當天大跌中，才不管它未來會如何發展，也不管當天日K是多少，因為這種暴跌的機會，一年碰不到幾回，當然要來投機一下，所以二話不說，先買20張再說。

很多讀者可能要問，我怎麼又不遵守自己的紀律了呢？還是那句老話，20張只佔我資金部位的1/10，值得賭一把，因為萬一套牢，也不致有太大的影響。如果你能買50張以上，也可以比照辦理買5張，但你若資金不大，我就不建議這麼做了。

當天最低價是62.05元，隔週就漲到最高66.4元，五天就有7%的漲幅。當然不可能有人這麼厲害，全部都賺到口袋，但賺到

一些錢，絕對是可行的。這種「大跌」時買的股票，請記得「大漲」時就要果斷賣掉，因為真的可能只是跌深反彈，短多長空罷了。也就是說，千萬不要期待會看到K＞80。

11月9日當天也是類似情形，而且前一週就已經出現K接近20的狀況了。我在前一週的〈商周財富網〉曾寫道：

上週全球股市因為川普可能當選美國總統而造成恐慌性的下跌，台股當然難以置身事外，也從最高點9399點下挫到9068點，而且還跌破了季線。此時，我唯一的進出紀律「日K＜20，買」的情形發生了，因為上週五大盤日K跌到18，0500的日K也跌到21，該不該買呢？

我相信，幾乎所有的專家都建議大家要再觀望幾天，確定川普當選與否再進場。我卻持相反的立場，股市投資的「紀律」絕對比「判斷」重要，因為現在預測希拉蕊或川普誰會當選，和章魚哥有何不同？不過就是各半的機率而已。

我並不是賭希拉蕊最後仍會勝出，所以決定進場買進，而是該買的時候就該買。很多人會擔心，萬一川普真的當選，全球股市可能會暴跌，現在買進，保證套牢，所以應該等結果出來再做進出的決定。但是如果希拉蕊當選，全球股市可能就會發生報復性的上漲，尤其是各國股市的技術指標都在低檔，反彈幅度可能

會非常驚人，那就會錯失大好的獲利契機。

當天0050最低來到70元整數關卡，隔天被我料中，真的出現「報復性上漲」，最高來到72.1元。我當天當然還是進場「投機」一下（其實當天K來到28，也算有一些「投資」價值），不過我真的無從判斷川普當選對全球經濟和股市的影響，所以隔天（11月10日）立刻獲利了結。到了第三天（11月11日），0050股價又跌破70元，證明「大跌要買，大漲就賣」的策略是比較穩當安全的。後來一度跌到69.45元，直到12月1日才重回72.1元，等於我少擔心了15天。

或許你讀到這一段文字時，川普當選的效應，不論是多還是空，應該已經完全顯現了。不過，股市投資講的是「當下」的決定，絕對不是「事後」的解盤。

讀者可能會問，盤中大跌時，如果買正2，不是可以賺更多嗎？我反而不建議這麼做，因為萬一大盤隔天繼續跌，你不就虧了嗎？買0050當然也可能是錯誤的決定，但至少0050套牢後，還有股息可以領，而正2是完全沒有股息的。

# 套牢
# 也能樂活

　　或許有讀者會酸我，雖然我在2015年套牢300張，但在2016年就全部解套了，當然可以大言不慚說「套牢也能樂活」。不過，我要特別聲明，在這段套牢期間的演講，我早就和聽眾在分享「樂活套牢術」了，而且在我2015年底出的書《年年18%，一生理財這樣做就對了》，也有4頁相關的說明，所以這絕非事後的說法。

　　還有一次在大學財經系演講，我提出這個觀念和實際經驗時，有個同學站起來發問：「教授告訴我們，任何投資都要設下停損點，為什麼你說不用呢？」

　　我這樣回答他：「任何股票都該停損，只有0050、0056不必停損，因為套牢有股息，照樣可以樂活過日子。」

　　沒有理財專家會承認自己套牢，我想我可能是古今中外第一人。當時0050最低來到55.4元，而我的平均成本則超過66元，每一張帳面上的虧損就超過1萬元，絕對可以把我「理財專家」的招牌給砸了。還好，我希望出版社和演講邀約單位稱我為「樂活投資達人」，所以還算名副其實。

　　請相信我，這絕對不是在玩文字遊戲，透過以下的計算和說明，證實我可以靠此度餘生，因為我只是把「存款」改成「存股」罷了。

　　為了說明的簡便性，我把很多數字整數化。套牢300張，以平均成本66元來計算，總成本約為2000萬元。套牢後，我每個月賣一張，而且為了保守起見，我假設賣出的價位是50元，雖然遠低於當時的最低價55.4元，但因為或許之後真的會跌到這個價位，所以我情願低估。如此一來，我將虧損500萬元耶。

$$（50元 \times 300,000股）-20,000,000元 = -5,000,000元$$

　　我當時56歲，300張可以讓我賣25年，屆時我將81歲。一個月用50元賣一張，可得5萬元，應該足夠我和老婆用一個月，但可能無法有比較奢侈的衣食旅遊的花費。如果你不住在都會區，或許一個月還用不到5萬元。

　　這樣賣股下去，最後一定是坐吃山空，好在0050每年都能穩

定配息，所以領到的股息就可以作爲生活上急需之用，或者可以
把它存下來。因爲我有300張，加上它近年來每股平均配發2元的
股息，因此第一年可以有60萬元的股息。但因爲每年賣12張，所
以股息大概每年會減少2.4萬元，直到我81歲賣光後，就再也沒有
股息可以進帳了。

表一　每月賣一張，可以賣25年，還能存下760萬元

| 年齡 | 賣出張數 | 取得價金 | 領取股息 | 合計所得 | 生活費 | 結餘 |
|---|---|---|---|---|---|---|
| 56 | 4 | 200,000 | 600,000 | 800,000 | 200,000 | 600,000 |
| 57 | 12 | 600,000 | 576,000 | 1,176,000 | 600,000 | 576,000 |
| 58 | 12 | 600,000 | 552,000 | 1,152,000 | 600,000 | 552,000 |
| 59 | 12 | 600,000 | 528,000 | 1,128,000 | 600,000 | 528,000 |
| 60 | 12 | 600,000 | 504,000 | 1,104,000 | 600,000 | 504,000 |
| 61~70 | 120 | 6,000,000 | 3,720,000 | 9,720,000 | 6,000,000 | 3,720,000 |
| 71~80 | 120 | 6,000,000 | 1,320,000 | 7,320,000 | 6,000,000 | 1,320,000 |
| 81 | 8 | 400,000 | 0 | 400,000 | 600,000 | (200,000) |
| | 300 | 15,000,000 | 7,800,000 | 22,800,000 | 15,200,000 | 7,600,000 |

1.每月以50元賣一張0050
2.每月夫婦生活費以5萬元計算
3.每年0050配息2元

從左頁表一的計算中，我可以預期到了81歲之後，只要這段期間內，生活上沒有急需之用，應該可以存下760萬元，夠我餘生繼續花費了。

如果每股可以賣到55元或60元，81歲時就分別可以存下910萬元和1060萬元。看到這個數字，請問還有什麼好擔憂的？不必擔心，當然就能樂活度日。

在這25年賣股維生的期間，只要賣出價格高於50元，就能多存一點錢，或生活可以過得更寬裕一點。就算跌到50元以下，依過往統計資料，次數也不至於太多。在長達這麼久的時間裡，我相信一定會碰到一兩次景氣的高峰，解套應該是指日可待的。

當時，我真的也沒料到，一年之內就可以解套了。從這次經驗來看，更堅定我對0050的信心：「大不了套牢，怕什麼？」

# 抱到地老天荒，可以嗎？

認同我投資理念的讀者和聽眾，應該都是屬於保守型的投資人，其中也不乏一些對股票一直充滿恐懼的人，因此常有人在我的演講場合，提出以下這個最基本的問題：「我根本不懂什麼是日K，也不想賺18%，如果0050這麼安全，我可不可以買了就放著，每年領股息就好了？」

我直截了當回答他：「當然可以。」

然後，他們一定會再問：「什麼時候可以買呢？」

我說：「如果你們只想賺股息，任何時候都可以買。別等著低點才要買，這樣會整天很焦慮。真的跌了，你們會擔心是不是還要跌？然後又開始等更低價。如果一直漲，你們就更不敢

買,到頭來什麼都賺不到。所以如果已經決定這麼做,就直接買吧!」

只想賺股息的人,通常只要打敗銀行定存利率就滿足了。我來用0050近年平均股息2元,和台銀目前一年期定存固定利率1.035%來換算,只要你買0050的價格低於193元,你就贏了。即使拿2016年0050最高價73.55元和193元來比較,兩者還差了足足100元。既然如此,當然可以在任何時候買進0050了。

每次演講,講到我的投資核心理念只有五個字時,許多人都趕緊拿出紙筆來,然後全場肅靜無聲,我還故意停頓一兩秒,才緩緩說出:「大不了套牢」,全場瞬間爆出笑聲,絕大部分的人都露出不可置信的表情。

我認為這五個字和股神巴菲特那句名言「找一個長長的山坡,讓雪球越滾越大」有異曲同工之妙,只是巴爺爺德高望重,講出的話就是精妙哲理,我不過是凡夫俗子,只能用粗鄙淺顯的話來表達。

重點在於0050能夠讓你「大不了套牢」,就和那個雪球一樣,都是每年能夠給你穩定的股息,而且又和那片山坡一樣,永遠都會存在下去,不會變壁紙。

　　如果你還不放心的話，我讓你看以下這個表，你就應該真的不必怕了。這個表是假設你用當年除息前最高價買進0050之後，一直抱到2016年底時的各年獲利率。如果用最高價買進，都還有這種報酬率，就請你just do it。就算2007年買在最高價72.3元，到了2016年底，報酬率還有23.17%，平均每年約2.57%，雖然不夠好，但至少還是賺的。若是個股抱到現在，大部分可能都是賠的呢（詳表一）！

表一　即使用當年最高價買進參加除息，依然都是賺錢

| 買進年度 | 最高價 | 累計配息 | 2016/12/30 | 價差 | 合計報酬率 |
|---|---|---|---|---|---|
| 2005 | 48.00 | 23.10 | 71.80 | 23.80 | 97.71% |
| 2006 | 59.30 | 21.25 | 71.80 | 12.50 | 56.91% |
| 2007 | 72.30 | 17.25 | 71.80 | (0.50) | 23.17% |
| 2008 | 65.85 | 14.75 | 71.80 | 5.95 | 31.44% |
| 2009 | 55.15 | 12.75 | 71.80 | 16.65 | 53.31% |
| 2010 | 58.10 | 11.75 | 71.80 | 13.70 | 43.80% |
| 2011 | 63.20 | 9.55 | 71.80 | 8.60 | 28.72% |
| 2012 | 56.20 | 7.60 | 71.80 | 15.60 | 41.28% |
| 2013 | 59.15 | 5.75 | 71.80 | 12.65 | 31.11% |
| 2014 | 69.95 | 4.40 | 71.80 | 1.85 | 8.93% |
| 2015 | 73.30 | 2.85 | 71.80 | (1.50) | 1.84% |
| 2016 | 69.90 | 0.85 | 71.80 | 1.90 | 3.93% |

註1：最高價係指當年除息前最高價
註2：2016年起，改成一年配息兩次，表上只是第一次配息數字

如果你能買在當年除息前最低價,獲利當然非常可觀,但你不宜過度期待這種好康會發生在你身上(詳表二)。

表二 若用當年最低價買進參加除息,當然是賺翻了

| 買進年度 | 最低價 | 累計配息 | 2016/12/30 | 價差 | 合計報酬率 |
|---|---|---|---|---|---|
| 2005 | 43.90 | 23.10 | 71.80 | 27.90 | 116.17% |
| 2006 | 49.30 | 21.25 | 71.80 | 22.50 | 88.74% |
| 2007 | 53.05 | 17.25 | 71.80 | 18.75 | 67.86% |
| 2008 | 29.10 | 14.75 | 71.80 | 42.70 | 197.42% |
| 2009 | 30.01 | 12.75 | 71.80 | 41.79 | 181.74% |
| 2010 | 47.95 | 11.75 | 71.80 | 23.85 | 74.24% |
| 2011 | 49.50 | 9.55 | 71.80 | 22.30 | 64.34% |
| 2012 | 47.50 | 7.60 | 71.80 | 24.30 | 67.16% |
| 2013 | 52.95 | 5.75 | 71.80 | 18.85 | 46.46% |
| 2014 | 55.60 | 4.40 | 71.80 | 16.20 | 37.05% |
| 2015 | 55.40 | 2.85 | 71.80 | 16.40 | 34.75% |
| 2016 | 55.60 | 0.85 | 71.80 | 16.20 | 30.67% |

註1:最低價係指當年除息前最低價
註2:2016年起,改成一年配息兩次,表上只是第一次配息數字

如果你還是對我「任何時候都可以買0050」的建議感到憂心的話,我在此分享一個讀者的做法,供大家參考。

他在2013年,看了我的第一本書《只買一支股,勝過18%》

之後，立刻開始採用我的方法，但做了部分調整：

看到日K＜20的時候，就把當時的存款都拿去買0050，買完之後，便耐心再等下一次日K＜20的機會。過了幾個月，又累積了一些存款，碰到可以買進的時機，就繼續買0050。

買了之後，根本不管日K是否超過80，他反正就是抱牢不放，然後靜待每年的股息入帳。

從2016年下半年之後，0050絕大多數的時間都在70元以上，或許你閱讀本書的此刻，仍舊居高不下，我相信很多人真的買不下手，這時我建議改買0056吧！

# 要參加除息嗎？

　　這個問題在我的演講場合並不常見，可能是來聽的人所得稅率都不高，也可能是這個答案應該非常明確。

　　依民國104年度的規定，所得稅率級距為5%、12%、20%、30%、40%，和45%。我認為如果你的所得稅率在20%以下，也就是年度所得淨額在235萬元以下，是值得參加除息的。舉例來說，你買進0050的成本是70元，配息2元，扣除20%所得稅後，實拿1.6元，換算股息殖利率為2.29%，仍為定存利率的2倍以上。如果你的稅率是45%，扣稅後實拿只有1.1元，換算股息殖利率剩下1.57%，還不如去買儲蓄險算了。

　　如果你的稅率在30%以上，我建議你最好不要參加除息。這時，該如何享有獲利，又不用繳稅呢？我用以下的例子來做個說明：

假設當年除息前一天收盤價是70元，股息是2元，除息當天開盤價就會是68元，這時，將有三種狀況出現。

第一、你買進的成本低於68元，假設是67元，你就把持股在除息前一天全部賣掉，假設就是賣在70元，你可以賺3元，不只比股息2元還多，而且目前證券交易所得稅停徵，所以賺的3元完全不用繳稅。

第二、你買進的成本介於68元和70元之間，假設是69元，我建議你還是在除息前一天全部賣掉，假設也是賣在70元，所以你先確定賺了1元，然後在除息當天用68元再全數買回，等到漲回69元以上再賣出，又賺1元，合計也是2元，與股息完全一樣，但因為證券交易所得稅停徵，所以賺的2元同樣不用繳稅。若是等到漲回70元，那就總共可以賺3元了。因為0050自上市掛牌以來，從未貼息過，所以從68元漲回70元是可以期待的。

第三、你買進的成本高於70元，假設是72元，要你在除息前一天用70元全部賣掉，你或許捨不得，因為這樣就立刻虧損了2元。如果不賣，雖然領到2元股息，但也要扣掉0.6到0.9元的所得稅（以稅率30%～45%計算）。我的建議其實還是應該在除息前一天用70元賣掉，然後在除息當天用68元買回來，屆時股數不變，但先賣再買，依舊賺了不用繳稅的2元。不過你要記得，你的持股成本還是72元，只好繼續等回到72元才解套。

如果你的稅率高於20%，我建議你專心賺價差，K＜20的時候，買進0050，等K＞80的時候，就獲利了結，這樣完全不用繳稅，別等到除息前一天才去處理它吧！

如果你已退休，沒有其他收入，所得稅率很低，甚至是零，你就可以用長期投資的策略，每年都參加除息，因為還有什麼方法比這個更輕鬆呢？

如果你不必考慮所得稅的問題，下一個必須考慮的問題是除息前，股價若是來到高檔時，要參加除息嗎？我的建議是看你覺得是否「自在」而定。因為0050除了2015年花了超過8個月才填息，其他年度都不到1個月，甚至不到10天，既然歷史經驗告訴我們，它都能填息，因此即使高檔參加除息，仍舊可以不要擔心。不過，如果你擔心又會發生2015年的情形，甚至真的有一次無法填息，你就在高檔時不要參加除息吧！何謂「高檔」？就是大盤日K大於80時。若你還是會擔心套牢，那就K>60時，就不參加該次的除息吧！

不過，自2016年開始，0050一年配息兩次，每次大約在1～2元之間，填息難度相對不高，我認為每次都參加除息也無妨。

**Part 4**

[How?]
0056
怎麼買?

18%

# 0056教戰守則

0056更簡單，只有一招「買進之後，忘了它」。因為它實在太牛皮，根本沒有短線波段價差可以賺，而且它只有20幾元，股息殖利率又超過4%，最適合小資男女「好好工作，傻傻存錢，存到錢就買0056。」這一篇其實是專門為小資族寫的，請每個月努力存6000元，從大學畢業到30歲，存錢加0056的股息，再加上努力工作帶來的加薪或被挖角的機會，你會發現這個簡單方法居然有超乎想像的威力，而且買房子真的沒有像媒體愛唱衰的那麼難。請記得，要追求大夢想，不要只想小確幸。

# 買進之後就忘了它

很多人喜歡邀我去講「退休理財」，因為我這套方法似乎很適合退休族群追求簡單安全的需要。有一次，有位聽眾發問：「施老師，你為什麼不一開始就講0056呢？我覺得它更適合我。」語畢，全場爆出如雷的掌聲。原來單純領股息，殖利率又超過4%，已經足夠吸引人了。

我等掌聲暫歇後，才回答他：「0056的投資方法太簡單了，只要在21～25元之間，隨時買都可以，買了就抱牢，每年等著領1元左右的股息就好了。我五句話就講完了，這樣怎麼對得起主辦單位幫我安排的兩個小時呢？」

如何才能抱牢呢？忘掉它，才能抱得久。「忘掉」是投資0056最重要的眉角，也就是大家常聽到的「手中有股票，心中無股價」。接下來，我就來說一個網友「因為忘掉而賺大錢」的真實案例給大家。

　　2016年10月，0056除息前幾天，有個聽眾寫臉書私訊跟我分享他買0056的故事。他在當年5月，台股跌到8000點，他也擔心小英總統就職演說的政治變數，不敢照我的紀律去買0050，想說0056比較便宜，所以就用每單位不到21元的價格買了0056。

　　他也知道0056股性非常牛皮，因此買完之後，就忘了它的存在，繼續好好努力工作。當時他只期望每年配1元的現金股息，賺它每年4.7%以上的殖利率就好，因為這已經比他以前的投資報酬率還高。

　　有一天，他上網隨意瀏覽，居然看到0056來到了25元，等於他一單位賺了4元，比原先想賺1元股息足足多了3元，他說，沒想到「天公疼憨人」，自己這段時間完全不關心股市，卻得到這個「天上掉下來的禮物」，喜出望外，決定全部賣光，落袋為安，獲利超過19%。

　　他要謝謝我，原來只要傻傻買0056，然後努力工作，賺的比絕大部分很認真選股的投資人還要多。

　　他還說，以前也是經常看很多投資理財的書籍，或是參加講座，學了好多選股的方法，但也不是每次都選對，而且最重要的是每天心情都掛念著股價，影響了工作，也影響了生活。後來，他看了我的書，知道我只買0050和0056，覺得這才是能夠安心投資的最好標的。

他其實知道今年0056將配1.3元現金股息，是歷年新高，但是他覺得賣光，賺了19%，更開心，也不想問我的建議，因為這樣又會讓他焦慮，所以先賣再跟我分享。

我看到他的私訊，比他還開心，一是他因此能「認真工作」，二是他找到「自在」的方法，因為他不想事先問我。

他該不該賣光，是我們可以拿來討論的。我的看法如下：

第一、如果他的所得稅率很高，我建議可以全部賣光。因為0056的股息是要課綜合所得稅，如果他的稅率高達45%，配的1.3元股息，實際只能拿到0.715元。如果全部賣掉，因為目前並不課徵證券交易所得稅，所以所有賺到的價差完全不用課稅。

第二、如果他的所得稅率很低，就不必賣，應該繼續持有，等著領股息。能買到21元以下，機會是不多的，未來想買回來，不一定還能買到這麼低的價格。

第三、稅率多少，是他的隱私，我不會問，但我建議他除息後，若有看到23元以下，就買回來，然後把這一來一往的獲利看作是2元就好（25-23＝2），這樣持股成本還是21元以下。賺2元的報酬率是接近10%，也很不錯了。

後來，有位網友也提了一個很棒的建議，就是賣掉一部分，讓他剩下的持股完全零成本。每年用這些零成本的持股繼續領平

均1元的股息,不是更開心嗎?例如他原先用21元買了25張,現在用25元賣21張,剛好把成本都拿回來,剩下的4張就是零成本的持股了,每年還繼續領4000元喔!

　　這個故事也給我很大的啓示,0056絕不比0050差,甚至更簡單安心。

[How]
0056
怎麼買？——02

# 不計較價格，
# 才能真正賺到錢

　　每個投資人一定都希望買股票的價格越低越好，如果我告訴你，有一支股票任何價格都可以買進，你肯定會認為那是一支即將大漲、狂飆的股票。如果我說那支股票是0056，你一定不敢相信，因為它不可能大漲，甚至股性還非常牛皮。

　　我前面提過，0056近幾年股價都在21～25元之間，每年股息約在1元左右，而買這支股票的主要期望在領股息，並不是在賺價差。如果你買在21元，股息殖利率是4.76%，買在25元的話，則是4%。我常常問來聽演講的聽眾：「4.76%和4%有很大的差別嗎？」大家都異口同聲說：「差別不大。」因此，真的沒必要非等到21元以下才買。如果你堅持21元以上就不買，你可能會錯過當年的股息，不是損失更大嗎？

　　以下是我的兩個朋友在2016年的真實案例，我姑且稱其中一位是A小姐，另一位則是B先生。

　　兩人都在英國脫歐之後，股市回檔時，問我可不可以買0056？他們都錯過了5月上旬K<20可以買進0050的時機，但後來看到英國脫歐，似乎又給了他們買股票的機會。兩人都考慮買0056，因為當時股價跌破了22元。

　　A小姐一開始很掙扎，她認為股市還要跌，所以想等0056股價更低時才要買進。我告訴她，現在股價雖然還在21元以上，但用21元和22元買進的股息殖利率只差0.21個百分點，真的別太計較。她聽進去了，但又不敢買太多，只買了10張，想說再跌再買。

　　買完之後，股價就一路走高，再也沒有看到22元以下的價格。此外，當年的股息不只1元，而是1.3元，股息殖利率高達5.9%以上（1.3÷22=5.9%）。她後來跟我說，好後悔只買了10張。我說：「不要後悔，反而該慶幸，好在有買。」

　　B先生認為英國脫歐將造成全球金融的動盪，甚至認同很多專家說將更勝2008年金融海嘯的看法，他堅持要等到20元以下才要買。我告訴他：「你要等，我沒意見，但千萬不要去買個股喔！」

結果他不只沒買 0056，錯失賺 5.9% 的機會，還不聽我的話，去買了媒體推薦的生技股，到 2016 年底仍套牢，帳上虧了 50%。當時買 1 張生技股，可以買 20 張 0056。生技股股價三位數，他不嫌貴，0056 才 22 元不到，他卻不敢買。這其實是非常多投資人的通病，績優股總是斤斤計較，但別人跟他報的名不見經傳的明牌，卻立刻市價買進，毫不猶豫。

0056 在 2016 年最低價出現在 1 月下旬的 20.14 元，到了 5 月上旬又一次看到 21 元以下，來到 20.5 元。你若非等到這兩個低價才要買，我覺得就是「吃人夠夠」了。有人還說，要等到 2015 年 8 月股災當天的 18.76 元才要買，但那個價格真是「可遇不可求」啊！

我也聽到很多人說，0050 跌到 50 元以下，一定會去買，但是從 2013 年到 2016 年，它就從未跌破 50 元。你若這樣堅持，肯定一毛錢都賺不到，要是因為賺不到 0050 的錢，就心存僥倖去買投機股，有可能更賺不到錢。

我不敢說，0050 不會跌到 50 元以下，0056 不會跌到 20 元以下，但很可能要等很多年。你若不想錯過賺錢的機會，就不要懊悔當初沒買到低價，而要活在當下。

切記，你不計較 0056 的價格，才有可能真正賺到它的錢。

# 把套牢股都換成
# 0056

　　2016 年 7 月 18 日，台股終於站上了久違的 9000 點。這時絕對是台股的相對高點，「買」股票本就該更謹慎，而且更該把「風險」看得比「獲利」還重要。那麼，該不該「賣」股票呢？

　　如果是賺錢的股票，只要多頭格局還沒有完全被破壞，或許可以期待有更高的價格賺更多，所以應該不急著賣。但是，如果還處在套牢的股票，怎麼辦？這要分兩種狀況來說明。

　　第一、虧損在 10% 以內的股票，還可以暫時觀望，一旦自 9000 點反轉而下，你的股票虧損有可能超過 10%，這時請你立刻停損出場。

　　第二、如果是套牢 N 年，而且看來是解套無望的股票，怎麼辦？我的建議很簡單，眼一閉，心一橫，全賣了，至少眼不見為

淨，永遠不必再掛念了。宏達電可能回到 2012 年除息 40 元前的 480 元嗎？我認為機會真的不大，更遑論回到天價 1300 元了。宏達電一度是台灣之光，都尚且如此，更多投機股若是套在高檔，那絕對不必再抱任何希望了。

做這種決定，我也知道是不容易的，所以有個但書，可以讓你不必那麼痛苦。假設你套牢的股票是國泰金控，而你的持股成本是 100 元，雖然距 2016 年收盤價 48.2 元仍遠，解套看來並不容易，但至少它每年還能穩定配息 2 元左右，用你的成本換算股息殖利率還有 2%，已經比定存利率高兩倍，而且幾乎不可能變壁紙（如果連國泰金都有這種可能，台灣就完了），你就不必賣了，就算每年只是等配息，還勉強值得。換句話說，請你檢視你手中套牢 N 年的股票，如果拿它每年的配息除以你的成本價，算出來的股息殖利率超過目前銀行定存利率，而且應該沒有破產倒閉的可能的話，你就不必賣，否則現在只好「清倉跳樓大拍賣」了。

真的賣光光之後，希望你不要對台股完全絕望，也千萬不要離開股市，然後把錢放在銀行定存，那根本無濟於事。既然你把股票都出清，為的是圖個清靜，就請你不要幻想還可以靠任何積極的投資方法來力求翻身、翻本，不要繼續賠就好了。此外，也不要期望能賺回所有的虧損，如果還能穩定獲利，慢慢把虧損減少，已屬萬幸。這時，0056 是你最好的選擇。0056 此刻比 0050 好的理由，一是便宜，更容易下定決心去買，二是波動小，就不會

掛念股價漲跌，讓每年配息默默賺回賠掉的錢。

　　以上談的是自己以前套牢的股票，下面則要分享一個如何處理別人讓你套牢的股票。有一次，我去一所社區老人大學，以「輕鬆理財，開心花錢」為題發表演講。會後，有個老奶奶很開心地跟我說，她決定把先生去世後，遺留給她的將近一百檔的股票，不管它是賺還是賠，通通賣掉，然後把收回的錢都換成0056，這樣她就能省卻一個大麻煩，因為她年事已高，哪有精力去管這麼多檔股票。我替她感到非常開心，因為退休後的時間和精力，絕對不該浪費在股票投資上，應該拿去實現年少未竟的夢想，或趁還健康之際，去探索國內外的自然美景和人文風情。

　　這個故事非常像我2008年金融海嘯後，把所有的股票通通賣光，全部換成0050。這樣做的最大好處是，心情變得非常篤定，然後生活品質就能得到大幅提升。

　　如果賠錢已經是不可能改變的事實，那就至少做到不要影響心情吧！

# 存到2萬多元，
# 就買一張

　　我在2016年的國際書展會場，親自為我當時出版的新書《年年18%，一生理財這樣做就對了》在現場叫賣。只要看到年輕讀者走過，眼神與我短暫交會時，我就會告訴他們：「好好工作，傻傻存錢。」大部分人都會突然愣在當場，因為從來沒有理財專家會要他們這麼做。

　　近幾年台股成交量直直落，除了稅制不公外，竟然去怪罪年輕人參與太少。曾有平面媒體和電子媒體引用台灣證券交易所的數據，認為成交量持續萎縮的重要原因在於30歲以下的投資人只占5%，太少了。如果能夠增加，就可以提升成交量。

　　我必須直截了當表達我的反對，因為這會害死年輕人的。30歲以下的人本來就不該涉足股市，因為他們的資金狀況根

本不具風險承受能力，而且這段期間最重要的是要努力認眞地工作才對。

　　坊間有太多書籍鼓勵年輕人要學習作者的投資技巧，無論是買小資概念股，還是玩權證、期貨、選擇權等以小搏大的金融工具，都希望能早日完成「財富自由」的美夢。年輕人看書嫌太慢，更積極參加各種投資講座，認爲「別人能，我爲什麼不能？」。一心一意想靠買賣股票迅速致富，結果不認眞工作，投資又不可能那麼順利，到頭來就會越發惶恐。

　　我每次演講時，只要看到台下有年輕人在座，就會勸他們以後別再參加了，反而應該把這個時間拿去加強工作的專業技能或是語文能力，甚至是和朋友喝咖啡，或是拿來談戀愛，都遠勝來這裡學習投資技巧。大部分年輕人連第一桶金都沒有，怎麼買得起績優龍頭股？只好去買那些所謂「跌深就是最大利多，美其名是小資概念股」的轉機股，其實說穿了，就是投機股。

　　有些理財講座還會建議年輕人要做適當的資產配置，包括股票、債券、黃金、外匯、房地產、保險等等，但他們哪有錢去做這麼多種的投資？最後只會越聽越沮喪，根本毫無建設性。

　　我對年輕人的建議，永遠都只有這8個字：「好好工作，傻傻存錢。」不過，當然不是存在銀行裡，而是存下來的錢就去

買0056，只要存到2萬多元，就去買一張。不要想賺價差，每年傻傻領1元左右的股息就好，股息殖利率遠勝定存利率，而且也不可能變壁紙。

或許很多年輕人會說，這樣賺，太慢了。絕大多數的投資人都只想到「獲利」，卻常常忽略了「風險」。「投資」的成本是「金錢」，就算你再認真研究，還是有可能賠錢，屆時這些錢就會從你的銀行帳戶裡消失了，風險極高。「工作」的成本是「時間」，只要你認真工作，就可能被加薪，會被高薪挖角，屆時銀行帳戶餘額一定會增加，何來風險？

我常說：「工作是正餐，投資是附餐。」千萬不要本末倒置。「工作」賺的是「薪水」，穩定性、達成性高，可賴以為生。「投資」賺的是「獎金」，絕對不要期望穩賺不賠。

0056雖然每年賺得不多，但長期投資下去，再加上認真工作、努力節儉，從大學畢業到30歲，要存到100萬元，真的不是遙不可及的夢想。要如何達成呢？請看接下來的篇章。

# 每個月存6000元

在我的父母親那一輩，「百萬富翁」真的是有錢人的代名詞。到了我們這一輩四五年級生，卻好像不是一件太困難的事。但是，對於當今的年輕世代，似乎又成了遙不可及的夢想。真是如此嗎？我沒有這麼悲觀，甚至認為只要透過一些紀律，30歲就可以成為百萬富翁。

只要每個月傻傻存6000元，什麼投資也不必做，其實就可以了。這個目標看來，還算親民吧？但是，這樣真的就可以嗎？

假設你是女生，22歲大學畢業，不念研究所，直接進入職場，一個月30K，每月拿出20%，也就是6000元存起來，一年就有72000元，到了30歲，總共8年，是不是就存了57.6萬元？如果你是男生，因為還要當兵一年，所以只能存7年，也有50.4萬元啊！如果你和你的男朋友（或女朋友）都能做到以上所說的同一

件事，到了30歲結婚，兩人加起來，不就是百萬富翁了嗎？換句話說，進行任何投資的第一桶金就已經到手了。以上計算還沒有把投資和加薪的部分算進去喔！

不管你心中有什麼疑惑，至少前述的計算沒有錯吧？你的第一個問題一定是「存得到嗎？」。

人生有食衣住行育樂六大需求，我對各位年輕朋友的建議是：每個月食6000元、衣3000元、住6000元、行3000元、育3000元、樂3000元。有些爲了生存所需，一定要支出，例如食住行，有些則可以視情況伸縮調整，例如衣育樂。只要不超支，每個月就能存下6000元。孝親費呢？我希望爲人父母者在子女初入社會時，就別要他們付這一筆錢了。

這裡頭變數最大的應該是「住」。如果租屋在臺北市，6000元應該不夠，一則只好排擠其他項目的支出，二則乾脆從臺北市搬到新北市吧，如果不在大臺北地區，這個金額應該不難找到租屋處吧。一般來說，租屋處離交通便捷處越近，房租越貴，反之越遠越便宜，此時你要把「住」和「行」合併考慮，才能得到最划算的組合。如果你比較好命，能跟父母住，不須另付房租，我要恭喜你，但也要督促你，該把房租這項6000元移作存錢的目標，而不是讓其他花費變得更寬裕。這時，或許你該把存錢的目標提高到10000元，這樣達成百萬富翁的目標就更快了。

每天伙食預算200元，一個月就是6000元，這一項恐怕很難有節省的空間，因此你必須努力把它控制在這個金額以內。

再來勢必要花費的是交通支出，包括車費、油錢和手機費。其中唯一還有節省空間的就是手機通話費，只要能多省一些，就可以幫助其他支出。有沒有買汽車，成了這項支出多寡的最重要關鍵。有車，3000元絕對不夠，所以請別先買車。住大台北區，就坐捷運，住其他地區，就騎機車吧！

衣育樂相對彈性會比較大一點，或許每個月編預算時，不必完全一樣。例如這個月碰到服飾賣場在做特價促銷，就可以調高衣的預算到4500元，甚至6000元，然後縮減育樂的預算。其次，如果這個月有好友結婚，或自己的男朋友或女朋友生日，樂的預算就必須提高一些，然後超過我原先建議3000元的部分，就只好讓衣和育犧牲一下了。不過，我希望盡量不要去犧牲育，因為投資自己的成本真的不能少。不多多加強工作技能及語言能力，就很難在和同事的競爭中勝出，不能勝出，就不會升遷加薪，也不容易被同業高薪挖角。

你不一定要照我的建議，也可以自己訂出每一項的預算。訂好之後，一定要配合記帳，而且不論金額多小，都要記得一清二楚。如果時間允許，每天睡前都要把帳本上揭露的餘額和現金，甚至還要加上銀行存摺做核對，希望做到「錢帳相符」。萬一不

符，趕緊想一下哪一筆忘記入帳了，或是錢放在哪個口袋忘記算了。

如果不能每天核對，我建議至少每個週日晚上做一次，若有差額，就當作「不明」的開支，讓現金和帳本能完全一致。如果「不明」的支出越來越多，絕對不是好事，意謂你花錢已經無感，不知節制了，必須立刻設法改進。

許多人習慣把找來的零錢丟在一個盒子裡，是否也要每天算？我認為當然也要算清楚。別以為零錢盒累積到一兩千元，就覺得是意外之財，然後把它拿去大吃大喝，結果本來存下來的錢卻被無謂浪費掉了。請記得，它們絕非天上掉下來的，其實也是你辛苦賺來的。

千萬別小看零錢，因為你不用它，反而造成你的經濟壓力，以為手頭拮据，害你真正有該花的錢，卻不敢花了。我是一個在住家附近花錢，就會帶很多銅板出門，盡量不讓店家找零錢的人。此外，每次在捷運站裡，我就會把口袋裡最累贅的一元和五元銅板丟進悠遊卡的加值機裡，這是最有效的去化方法。

如果施行幾個月後，某一兩項始終都無法控制在個別金額之下，那就要略做調整才能符合實際的情形。如果每一項都無法達成目標，而且檢討的結果真的都無法改善，只好降低存錢的目標，但同時也請你要努力去找一個薪水更高的工作。

如果你的薪水超過3萬元，超過的絕大部分，請你要作為存錢增加的目標，而不是等比例增加各項的支出。

第二個問題是「這些只是基本生活開銷，如果想要出國旅行，或只是在國內住民宿，不就甭想了嗎？」

沒錯，為了盡早籌到第一桶金，只好先犧牲這些小確幸了。我30歲前都沒出國過，我也不認為我的人生是黑白的。不過，也別絕望，把年終獎金、績效獎金拿出來花，其實也能偶一為之。出去玩樂散心，畢竟是人之常情，倒不必過度壓抑。

最後一個問題是「如果我每個月只有22K呢？」

我認為，除非拚命兼差打工外，是很難每個月存下6000元。但是，難道你在這七八年間都不會被加薪嗎？正常狀況下，逐年加薪至30K，應該也是可以預期的。就算30歲還存不到百萬，但也不過是多幾年，所以千萬不要太早放棄。如果你現在仍在學，請認真念書或習得一技之長，讓自己出了社會，薪水不要只有22K。

# 有必要買車嗎？

　　知名詩人瘂弦最負盛名的一首詩《如歌的行板》是這樣開場
的：

　　　　溫柔之必要

　　　　肯定之必要

　　　　一點點酒和木樨花之必要

　　　　正正經經看一名女子走過之必要

　　　　‧‧‧‧‧‧‧‧‧‧‧‧‧

　　不能再繼續寫下去了，怕你以爲看錯了文章。詩是浪漫的，
但人生是現實的。詩人認爲什麼都「必要」，但理財作家如我，
卻要嚴正呼籲年輕人，有很多事情眞的必要嗎？如果你看完全
文，也認同這些事情其實「不必要」，你就能存下第一桶金，開
始來進行投資理財了。

## 第一、你有必要買車嗎？

如果你在大台北地區，也就是所謂的「天龍國」工作或生活，捷運、公車、Ubike如此方便，真的不必買車。一輛汽車的總價約略就是在大台北地區買房頭期款的一半，離自有房屋的夢想已經很近了。如果你一開始就自暴自棄買不起房，所以就去買車犒賞自己，結果買了之後，還有三五天加一次油、每個月的停車位租金、每年的燃料稅和牌照稅、還有定期保養和不定期擦撞違規等著你去付，買一輛車真的是錢坑，只是讓你一年有大約二十天免受颱風淋雨之苦而已。如果你不是天龍國民，大眾交通工具沒那麼方便，也可以買機車代步啊！不買車，或許你就可以直接付清買房的頭期款了。

## 第二、你有必要上網吃到飽嗎？

你真的非要時時刻刻上網看影片、上臉書、動不動就在Line上面傳貼圖、傳影片嗎？還是因為你常常要去排一兩個鐘頭的隊伍吃美食，非要上網打發時間不可？我一個月只有1.5G的流量，而且每個月我幾乎用不到1G，也完全沒有損及我的生活品質啊！

## 第三、你有必要買蘋果手機嗎？

拿出來是很炫，也表示你是一位有品味的人，但別的手機拿

出來會很丟臉嗎？我就是用 ASUS 手機，比蘋果便宜太多，但一樣很好用啊！

### 第四、你有必要常常去吃媒體報導的美食嗎？

這些美食動輒要花至少三五百元、排隊至少也要一兩小時，它的美味真比一百元一餐高出三五倍嗎？肯定沒有，那麼顯然就是一種虛榮而已。一個月頂多藉朋友同事聚餐吃一兩次就好了，而且把它當作「樂」的花費，而非「食」的花費，這樣你只好少看一兩場電影來彌補了。

### 第五、你有必要常常和同事一起團購嗎？

除了生活必需品之外，別因為便宜買了很多其實並不需要的東西，特別是那些零食。

### 第六、你有必要抽菸嗎？

大家都知道，抽菸對身體健康絕非好事，菸又那麼貴，真的是毫無好處。你只能透過抽菸來紓壓嗎？當你知道一個月要花那麼多錢在抽菸上，你的生活壓力肯定更大。

### 第七、你有必要每天喝一杯咖啡嗎？

很多人每天早上都要去小七買一杯咖啡，但吃早餐不能配

辦公室的熱開水嗎？你可能會說，小七已經比星巴克便宜那麼多了，連這也要省嗎？每天不喝星巴克，一個月可以省三四千元，不喝小七，至少也可以省一千元喔。

## 第八、你有必要在便利商店買日用品嗎？

我幾乎不在便利超商買東西，只在那裡繳各種費用，因為便利超商的價格真是很不親民，它的「便利」，是來自半夜也可以買到東西，還有只買一根香蕉也可以，因此你就必須付出較高的代價。有一次，我父親住院，我去醫院附設的小七買衛生紙，一包居然要 36 元！這個價錢在大賣場至少可以買三包。此外，也別拿集點卡。拿了集點卡，你就很容易為了達成集點的目標，然後去做一些無謂的消費。即便是住家附近的商店，我都不拿集點卡，更遑論偶爾才去一次的商店或餐廳。同樣的道理，碰到「第二件XX折」或「買兩件可抽獎」的促銷方法，除非有必要，我絕不會買第二件，因為第二件一定是多餘的。

## 第九、你有必要一次加值很多錢嗎？

便利超商的加值卡和悠遊卡的發行，減少了現代人帶零錢出門或找零的麻煩，確實帶給大家很大的方便，但請記住一次不要加值太多錢，一來錢多就容易花，二來萬一搞丟，損失就大了。

第十、你有必要天天在外面約會嗎？

這個階段一般來說都是男女熱戀時期，約會當然是生活中的大事。只要在外約會，吃喝玩樂都要花錢，怎麼存得了錢呢？我經常邀請子女的另一半來家裡，看電視、聊天、吃東西，一來可以更了解他們交往的對象，二來這樣他們就不必出去花錢了。如果你和男女朋友都住外面，除非有特殊節日，否則就盡量回家約會吧！如果你們是以結婚為目標在交往的話，其實也可以考慮早點成家吧！因為兩個人的花費常常不到一個人花費的兩倍，但兩個人一起存錢一定比較快。

上一篇提到，我建議年輕人每個月要以存6000元為最基本的目標。切記，所有的儲蓄真的都是從最不起眼的地方開始做起。以上十點，你都發覺沒必要時，你一定存得到6000元。

190

# 存錢＋0056＋加薪

前兩篇都提到，只要傻傻每個月存6000元，兩個年輕人到30歲結婚，就可以存下100萬元。但是，如果不結婚，一個人也可以在30歲存到100萬元嗎？女生可以，男生還要多等一年。

傻傻存，當然不是存在銀行裡。銀行定存利率現在只有1%左右，一年只有720元利息，8年下來不過增加5000～6000元，早就被通貨膨脹率吃掉了。記得嗎？我曾說過，存到兩萬多元，就去買一張0056。為了計算方便，我假設你都是用24000元買一張，也就是用每股24元買進，這個價格已經算是近幾年相對高檔了。如果你能買到23元，就可以多存1000元，如果買到更低的22元，不就可以多存2000元了嗎？不過，任何對於未來獲利的預估，都應該採取比較保守的方法。

　　如果一個月存6000元，一年可存72000元，所以能換3張0056。我就依此投資紀律來計算，8年後，你會存到24張，而這8年之中，你會領到多少股息呢？總共10.8萬元。一個女生到了30歲，存了57.6萬元，加上股息10.8萬元，就有68.4萬元。若是男生，退伍後到30歲，存7年，用同樣的方法來投資，也會有58.8萬元。計算過程請看表一和表二。

表一　存錢＋0056＝68.4萬元（女生）

| 年齡 | 每年存錢 | 每年買進單位 | 累積單位 | 每年股息 |
|---|---|---|---|---|
| 23 | 72,000 | 3,000 | 3,000 | 3,000 |
| 24 | 72,000 | 3,000 | 6,000 | 6,000 |
| 25 | 72,000 | 3,000 | 9,000 | 9,000 |
| 26 | 72,000 | 3,000 | 12,000 | 12,000 |
| 27 | 72,000 | 3,000 | 15,000 | 15,000 |
| 28 | 72,000 | 3,000 | 18,000 | 18,000 |
| 29 | 72,000 | 3,000 | 21,000 | 21,000 |
| 30 | 72,000 | 3,000 | 24,000 | 24,000 |
| 合計 | 576,000 | | | 108,000 |
| 總計 | | | | 684,000 |

　　如果你認為一個月存6000元不難，那麼到了30歲，存到60～70萬元，真的不難吧？！

　　真的這麼省，你會說人生多無趣啊！但別忘了，你如果只買

表二　存錢＋0056＝58.8萬元（男生）

| 年齡 | 每年存錢 | 每年買進單位 | 累積單位 | 每年股息 |
|------|---------|------------|---------|---------|
| 24 | 72,000 | 3,000 | 3,000 | 3,000 |
| 25 | 72,000 | 3,000 | 6,000 | 6,000 |
| 26 | 72,000 | 3,000 | 9,000 | 9,000 |
| 27 | 72,000 | 3,000 | 12,000 | 12,000 |
| 28 | 72,000 | 3,000 | 15,000 | 15,000 |
| 29 | 72,000 | 3,000 | 18,000 | 18,000 |
| 30 | 72,000 | 3,000 | 21,000 | 21,000 |
| 合計 | 504,000 | | | 84,000 |
| 總計 | | | | 588,000 |

股價波動這麼牛皮的0056，一定會心中無股價，就能認真工作。只要認真工作，表現良好，就有機會加薪、升遷，甚至被挖角。這時候，你可以把這些多出來的薪資拿來犒賞自己，偶爾吃頓美食，偶爾到處旅行，偶爾買些時尚精品，都能讓生活多采多姿。但是，如果你願意放棄小確幸，繼續咬緊牙關，把增加的薪水都存起來，結果肯定會嚇死你。

假設你自第二年起，月薪增加1000元，第二年就會增加收入1.2萬元，第三年增加2.4萬元，這樣一路增加到第七年，就會比你第一年總共增加33.6萬元。把存錢57.6萬元、股息10.8萬元，再加上加薪33.6萬元，到了30歲，你真的可以存下102萬元。男生7年可以存到84萬元。別忘了，如果你被同業挖角，薪水的增

表三　女生30歲前可存到102萬元

| 年齡 | 每年存錢 | 每年股息 | 每年加薪(註) |
|------|----------|----------|--------------|
| 23 | 72,000 | 3,000 | |
| 24 | 72,000 | 6,000 | 12,000 |
| 25 | 72,000 | 9,000 | 24,000 |
| 26 | 72,000 | 12,000 | 36,000 |
| 27 | 72,000 | 15,000 | 48,000 |
| 28 | 72,000 | 18,000 | 60,000 |
| 29 | 72,000 | 21,000 | 72,000 |
| 30 | 72,000 | 24,000 | 84,000 |
| 合計 | 576,000 | 108,000 | 336,000 |
| 總計 | | | 1,020,000 |

註：每年加薪金額是和23歲時做比較

表四　男生30歲前可存到84萬元

| 年齡 | 每年存錢 | 每年股息 | 每年加薪(註) |
|------|----------|----------|--------------|
| 24 | 72,000 | 3,000 | |
| 25 | 72,000 | 6,000 | 12,000 |
| 26 | 72,000 | 9,000 | 24,000 |
| 27 | 72,000 | 12,000 | 36,000 |
| 28 | 72,000 | 15,000 | 48,000 |
| 29 | 72,000 | 18,000 | 60,000 |
| 30 | 72,000 | 21,000 | 72,000 |
| 合計 | 504,000 | 84,000 | 252,000 |
| 總計 | | | 840,000 |

註：每年加薪金額是和24歲時做比較

幅絕對不會這麼少。計算過程請看左頁的表三和表四。

以上計算，我還沒有把你的年終獎金、業績獎金、績效獎金等等非固定薪資算進去，甚至很多公司都是保障年薪14個月，我也未計入那兩個月薪水，因此雖然看起來生活很節儉，但應該還有一些錢可以讓你偶爾去揮霍一下，不會完全沒有小確幸。

既然每個月存6000元，還能有小確幸，就不要時時刻刻麻醉自己：「既然買不起房，就每天對自己好一點吧！」你這樣想，就真的不可能買房了。

很多人會說，自己一個月只有22K，而且從來都沒有加薪，怎麼可能達成我說的目標？我只能不客氣地回答你：「這是你自己的問題！」為什麼你當年只顧著玩，不好好念書？不好好學一項專業技能？現在雖然有工作，但又不認真努力去做，整天只想靠投機股票賺錢，老闆當然不會給你加薪。

最後，我要提醒年輕人，真的別小看一個月存6000元的威力，因為如果這對男女30歲結婚，兩人加起來就有186萬元了，該拿去做什麼呢？

[How]
0056
怎麼買？ —— 08

# 第一桶金要買股？
# 還是買房？

　　接續上一篇末段，這對小資男女到了30歲結婚，兩人合計已經存了186萬元。這已經不只是人生第一桶金了，而應該可以看成好幾桶了。一人存太慢，所以年輕時好好談戀愛非常重要，因為兩個人一起存，才能快速累積。有了186萬元，我想很多人都躍躍欲試，希望把錢拿去股票市場來快速累積財富。不過，我卻不同意這個看法，反而認為應該先求「保值」，再求「獲利」。

　　怎麼保值？一是買保險，二是買房子。保費支出，相對購置房產的開銷當然少得多，而且已經成為現代人的共識，所以我先略去不談。買房子？還是租房子？我想這是所有年輕人都必須要面臨的重大決定。

　　時下媒體的主流思維就是「年輕人怎麼買得起房？」理由之

一是薪水只有22K，連生活都成問題，哪有可能買房？理由之二是就算薪水不只22K，但帝寶這種豪宅每坪動輒兩三百萬，即使不買豪宅，台北蛋黃區每坪一百萬上下還是跑不掉，哪有可能買得起？

我們先來看第一個理由。如果你的薪水真的只有22K，而且一輩子都這樣，當然買不起，但是你如果努力工作，不要整天希望不勞而獲（買投機股、玩期貨），薪水一定能逐年增加，所以不要老拿現在的薪水來否定自己未來可以買房的能力。如果你還在上大學，卻整天玩樂，不好好學習，以為自己會是下一個學歷不高但照樣能賺大錢的郭台銘，屆時進入職場，當然只能領22K。

第二個理由更可笑。上面提的這對小資夫婦，30歲存到186萬，只要不買車，在大台北地區以外的城市，買個30坪左右的房子，大概都足以支付當地房價的三到五成了；如果在大台北地區，買個20坪的房子，應該也能支付兩成的房價了。若以大台北地區為例，誰叫你要去買帝寶？誰又逼你要去買蛋黃區的房子？

媒體總愛找房產專家來分析房地產問題。這些人只有一個論點，就是買房子一定要買在好地段，才有增值空間。這個論點絕對沒有錯，但我估計90%的人一生只買得起一間房子，「買得

起」比「能增值」重要得多。再以大台北地區為例，如果你想買的房子沒有電梯、沒有停車位、離捷運站有點遠，只要年輕人擁有一份穩當的工作，就有機會買得起。

我舉一個認識的年輕人為例，他買的 30 坪老公寓，沒電梯，沒停車位，位於汐科火車站附近，離最近的南港捷運站還要坐一站的台鐵區間車，總價 700 萬，扣除他準備的 140 萬自備款（比我前面設算的186萬還少呢！），其他八成銀行貸款，每月攤還 25000 元，夫婦合計月薪只要在 6 萬元左右，應該不會造成他們太沉重的生活負擔吧？這個總價，也不會讓人完全絕望吧？

別再被成天唱衰台灣的媒體恐嚇了。近兩年來，房價已經出現明顯回檔的跡象，而且也轉成買方市場，正是精挑細選的好時機。如果像前述那位年輕人，一個月付 25000 元，約略相當相同坪數一個月的房租，那又何必租房子呢？

當然，有人認為拿186萬元去投資股票，可能可以賺更多，但誰能保證投資股票一定能「獲利」？買房只要不是買在過度被題材炒作的地區，它的波動性一定比股票小得多，當然就比較能「保值」了。

我是四年級後段班，也就是俗稱「戰後嬰兒潮」的一代。因為在威權體制下長大，沒有太多自己的想法，父母叫我們怎麼做，我們就傻傻地照著做。該結婚就結婚，該生小孩就生小孩，

該買房子就買房子。現在的年輕人取得的資訊太多，什麼都要評估，要不要結婚？要不要生小孩？要生幾個？要租房子？還是買房子？

我30歲時，夫妻倆年薪加起來約70萬元，買了一棟1000萬元的房子，換算下來，要不吃不喝14年，加上當年銀行貸款利率更高達6%以上，我也從來沒想過要租房子。當年若不買房子，用同樣的錢買晶圓雙雄之一的聯電（2303），現在就只剩下100萬元了。

我們當年根本沒評估，買了再說，房貸壓力反而成了努力工作，在職場力爭上游的最大原動力。現在的年輕人太精於算計，一想要不吃不喝那麼多年，就決定不買房子，先享受再說。

現在很多年輕人主張租房子的理由是「不要做一輩子的屋奴」。說來也是振振有詞，因為沒有房貸的壓力，生活當然可以過得比較舒服。手上錢多，購物、吃飯、旅行、買車，都不必斤斤計較，生活的品質和品味，絕對比買房子的同輩朋友高出許多。但是，這些花費可能都是短暫的享受，或者是折舊快速的資產，很快就成過眼雲煙，哪裡比得上一間房子實實在在的「保值性」呢？

一生租房子的人當然不會是屋奴，但得一輩子看房東的臉色，難道不是另一種屋奴？買房的人終有苦盡甘來的一天，租房

的人卻可能是先甘後苦，因為一旦年紀越來越老，可能就不會有人願意再租給你了，請大家千萬不要輕忽這個嚴重性。

此外，現在市面上太多投資理財的書，書名都在強調「報酬」，因為沒有出版社會願意凸顯「風險」兩個字，所以大家都會認為「作者能，我為什麼不能？」，還有自認為不要一輩子當「屋奴」，再透過積極的投資就可以快樂過一生。殊不知高報酬永遠伴隨著高風險，大部分的股票怎麼可能有「保值」的效果？就算有，股性也非常牛皮，結果大家都不屑一顧。

再舉剛剛我提到那間我在30歲買的1000萬元的房子，現在起碼值2500萬元，如果我把它賣掉，搬到高雄去住，生活品質幾乎一樣，但或許1000萬元還可以買到更大的房子，剩下的1500萬元就可以好好開心地拿來花了。這其實是最簡單、最傻的退休理財術，但如果你沒有房子，就必須保證你一直很聰明，而且絕不會得老人癡呆症。

如果你不願意改變已經習慣的生活環境，也就是你不願意搬家，不願意換房子，你就可以去跟銀行談「以房養老」。這個方案就是把你的房子抵押給銀行，然後銀行每個月會給你生活費，而且你還可以繼續住在自己的房子裡，直到你往生為止。

很多老年人手上沒有現金，就可以用這個方法來變現，這樣就不用向子女伸手要錢，讓你能有一個有尊嚴的晚年。

　　名作家吳淡如說得好：「不要在還有能力吃苦的年紀去追求
安逸，否則到了別人能夠安逸的年齡，你就必須吃苦了。」各位
小資男女們，現在醫學發達，大家都有機會活到100歲，但失去工
作的年齡又不斷的提前，萬一你在50歲就失業，屆時如果你連屬
於自己的房子都沒有，請問你要怎麼活到100歲？醒醒吧！不要追
求小確幸，要追求大夢想，才能擁有真正樂活的一生。

# 要不要參加除息？

　　這個問題的解答以及因應對策，和第163頁到第165頁的內容差不多，如果綜合所得稅率低於20%，就參加除息，高於20%，就別參加了。不過，你可能會問，我不是說0056是買來領股息，不是賺價差的嗎？沒錯，因為我一直認為它是最適合小資族的投資標的，而小資族的稅率應該都不高，甚至無須繳稅，所以也就不用考慮稅率，買了等著領股息就對了。

　　如果你的稅率超過20%，最好等它跌到23元以下再進場。近幾年，0056每年都會有一波漲到25元以上，因此你都有機會賺到2元以上。

　　或許你想說，近幾年都有跌到20～21元，2015年甚至還跌到19元以下，是不是等到20元左右再進場，屆時可以賺更多？不過，我建議你別這麼貪心。如果今年像2013年一樣，最低只來到21.98元，不就錯失獲利的機會了嗎？

　　折衷的方法是金字塔買法，23元買1/10，22元買2/10，21元買3/10，跌到20元買4/10。

　　有人曾問我，買賣0056是不是也可以用「K＜20，買，K＞80，賣」的方法？當然可以，但因為它的波段漲幅比0050小得多，若這樣做，賺不多又辛苦。我建議，看價格來買賣最簡單，一年就賺一波，23元以下買進，25元左右賣出。

　　因為稅率高而必須來賺0056價差的投資人，當然就不能「買了就忘掉它」，也不能「不要計較價格」了，因此就無法享受到它最簡單的投資樂趣。

# Part 5

## [How?]
## 正2反1
## 怎麼買？

18%

# 正2反1教戰守則

請切記，正2反1只有一天的有效期限，千萬不要拿來當作長期投資，因為沒有股息可領，所以只能看成是「投機」的標的。萬一套牢，只能耐心等解套，也不該逢低攤平，否則有可能越攤越平，最後攤到躺平。不過，正2反1的風險終究還是比期貨、選擇權、認購（售）權證要低，因為沒有到期結算日的平倉壓力，總有一天終會解套的。正2反1搭配0050，加上與其淨值間的套利關係，再配合融資融券，可以發展出非常多樣的操作策略，但我卻不想寫，因為我其實不鼓勵大家操作正2反1，這是我的良心話。

[How]
正2反1
怎麼買？ —— 01

# 套牢切忌攤平，也不宜融資買進

如果只寫 0050，而略去不寫它的衍生性商品，就是不盡責的做法，但是我不論演講或寫文章，其實都不鼓勵大家來操作它們，如果你就是要玩，我的唯一建議是千萬不要長期持有，甚至應該當天了結。

它們絕對不是拿來「投資」的，而是拿來「投機」的。

或許有人會反駁我， 2016 年指數最低是7627點，最高是 9430 點，漲幅是 23.64%，而正 2 最低價是 17.33 元，最高價是 26.14 元，漲幅是 50.84%，比大盤漲幅的 2 倍還多。很多理財專家會因此認定正 2 是值得長期投資的，但這是事後的分析，因為 2016 年有很多不確定因素曾經干擾過台股，包括 5 月蔡英文就任總統前、6 月英國脫歐、11 月川普當選美國總統，還有每個月大家都在猜測美國聯準會會不會升息，誰能準確預測台股會一路上漲到 9430 點？如果你買在正 2 最高價 26.14 元，結果台股一路下跌

到7000點，甚至5000點以下，很可能就要套牢好幾年了。然而，如果你用當年最高價73.55元買進0050，雖然也是套牢，但至少每年都有股息可以領。

正2套牢，好在還有反1可以幫你賺錢，因為正2一直下跌時，就是反1一直上漲時。但是，請注意，一定要「一直」，否則還是有可能「買正2也賠，買反1也賠」。此外，你的心態也要能順利轉成空方，而不該一路攤平正2，然後攤到躺平。

2016年6月英國公投決定脫歐後，以為全球即將面臨另一次金融海嘯的投資人，就開始拚命買進反1，結果利空居然不跌，指數則幾乎一路不回頭，從8374點漲到9430點，反1也從當時的19.09元跌到最低的15.81元，害很多人嚴重套牢。反1的成交量是正2的10～20倍，可見有多少人是一路攤平到躺平？

既然這麼大的利空都不跌，而且自此之後，外資期貨多單一直居高不下，當時套在反1高檔的投資人，如果立刻停損，然後反手買進正2，可能就可以從18.47元漲到26.14元，讓正2的獲利來彌補反1的虧損。這段期間，反1跌幅是17.18%，而正2的漲幅是41.53%，不只解套，還有賺呢！

就算你不會如此靈活操作0050的這兩項衍生性商品，也不必太過擔心，因為正2和反1都沒有到期日，可以耐心等待，終有解套的一天。但是，如果你買的是個股的衍生性商品，如認購權證

或認售權證，因為有履約日期，到期時將一切歸零，所以相對風險就很大。

如果你玩的是指數期貨或選擇權，風險又更大，它們不只有到期日，而且因為都是保證金交易，一旦保證金不足，無法立即補足的話，期貨商是有權利在盤中直接做反向平倉，讓你立刻面臨虧損的下場。

正2和反1的價格大約是0050的1/3到1/4，所以吸引非常多的投資人參與，甚至有人為了擴大獲利率，更進一步用融資來買進它們。雖然不像期貨有盤中立刻補足保證金，不然會被立刻斷頭的壓力，但如果長期套牢，還是必須支出融資的利息，說不定就會不堪利息負擔，而等不到解套的一天。

目前成交量最大的ETF，就是反1，因為很多投資人不認同台股有站穩9000點的實力，所以自2016年下半年起，拼命買進反1，結果幾乎都套在17元以上。指數只有在11月初，曾短暫跌破9000點，但當時反1最高也只來到16.83元，還是就差那麼一步，一直到當年年底都無法解套。這時，如果是融資買進的投資人，就要負擔超過6個月以上的利息，讓解套的時間還要拖得更久。

看壞大盤未來走勢，可以融資買進反1，也可以融券賣出正2。因為正2不用開股東會，也不會配發股息，就沒有強制回

補的問題,當然也就沒有被軋空的壓力,因此融券的風險相對比
融資小得多。不過,融券要繳保證金,仍有資金積壓的問題要考
慮。

　　最後,我再強調一次,正2和反1最好採短線進出,而且不該
用融資買進,萬一套牢,請靜待解套,不要一路向下攤平。

# 改看5分K

　　大盤其實很難一直漲、一直跌，總有跌多了反彈、漲多了回檔的時候，印證了我說正2、反1不適合長期持有的道理。因此，我們還是要回到0050的波段操作心法。正2的操作策略和0050一樣，大盤K低檔時買進，高檔時賣出。反1則正好相反，大盤K高檔時買進，低檔時賣出。

　　這裡有兩點要注意，一是我沒有說「K<20和K>80」，而是說「低檔和高檔」，二是反1的進出場時機或許該直接看「反1」的K值，而非「大盤」的K值，否則腦筋真會轉不過來。

　　既然我一直強調正2和反1應該當天結清，不要留到隔天，所以如果你有時間看盤，就用每天盤中的「分」K，來判斷當天高低點，而且最好要看最靈敏的5分K。

　　不過，我的紀律「K<20，買，K>80，賣」在進行當沖時，可

能要做些修正。你若看到5分K剛剛跌破20，就去買正2，可能還太早了，我希望大家看到它至少跌破10再進場，比較安全，風險也相對低。如果真的被你買到低點，要等到5分K大於80才出場嗎？我覺得這又太高估可能的漲幅了。既然買正2是在追求短線獲利，真的就該有賺就跑，見好就收。究竟5分K大於多少就該出場呢？我沒有答案，只請你切記，當沖盡量不要搞成套牢。

在盤中出現大幅震盪的時候，才有可能靠正2和反1賺錢，而這種機會其實並不多見。以正2為例，在2016年下半年，指數一直維持在9000～9400點之間遊走，盤中必須至少出現1%的漲幅，也就是大約要上漲100點，理論上正2才有可能賺到2%，但扣除交易成本，包括證券公司要收的手續費，以及賣出時政府要課徵的證券交易稅後，大概只剩下1.5%左右。如果依照我的建議「有賺就跑，見好就收」，恐怕賺得更少，如果只賺1%，扣除交易成本之後，或許只有0.5%了。因為報酬率偏低，所以只好靠夠多的張數才能賺到較為可觀的獲利。

正2尚且難賺，反1就更不容易了。盤中要跌1%，理論上才能賺1%，若為了確保當沖能獲利，或許看到賺0.5%就要獲利了結，但扣除交易成本之後，真的是所剩無幾，白忙一場。

　　我以2016年11月15日盤中為例，9:35時，指數來到8888點，
5分K為6.67，正2股價為23.34元，可以買進了。請見圖一和圖
二。

圖一　大盤5分K＜10，買進正2

線圖出自Yahoo奇摩股市

　　雖然 9:35 並不是當天指數最低的時候，但我們還是該以5分K為判斷進場的依據，至少它已經是當天的相對低檔。到了10:05，指數開始向上拉升，爾後應該都是可以隨時賣出的時候。

圖二　正2位於低檔，買進正是時候

線圖出自Yahoo奇摩股市

　　到了11:15，指數來到8984點，也是當天最高點附近，5分K
為88.60，這時正2股價來到23.75元，再不賣就可能錯過好時機
了，這時當然要獲利了結。請見圖三和圖四。

圖三　大盤5分K＞80，賣出正2

線圖出自Yahoo奇摩股市

圖四　正2位於高檔,賣出正是時候

線圖出自Yahoo奇摩股市

　　這一波指數漲了96點,漲幅為1.08%,正2扣除交易成本
之後,股價漲了0.41元,漲幅為1.76%。台股一年盤中指數高低
能來到100點以上,其實天數並不多,可能不到50天,就算超過
100點,正2扣除交易成本之後,也不過能賺1%左右,真的不太
值得花這麼多精力去盯盤。

或許你會反駁我，如果買100張，就可以賺4萬元以上，並不差啊！但是萬一盤中沒反彈，套牢100張也要230萬元耶！

你若不服氣，可能又要反駁我，賣掉正2之後，可以立刻買進反1，再賺它回檔的錢。當天確實從11:15就回檔，但反1也不過從16.67元漲到收盤的16.72元，區區0.05元有啥好賺的？

盤中從低點上漲，或從高檔下跌100點都不常見了，要一天來回漲跌各100點，更是少之又少，2016年只有11月9日美國總統開票當天，才有這種上沖下洗的戲劇化表現。

我為什麼要舉11月15日為例？是因為當天大盤日K已跌破20，萬一當天盤中買的正2未如預期反彈，必須被迫持有到隔天，風險相對也比日K在50以上去搶短線價差的風險要小得多。

反過來說，看到大盤5分K大於80就該買反1了嗎？這時，我也請你等到大於90再買，買進以後，也不要等到小於20才賣。還是同樣一句話：「真的就該有賺就跑，見好就收」。

以上看的是大盤的5分K，你若很難立刻會意過來，我建議你看到大盤急漲，趕快去看反1本身的5分K，這時有可能已經小於10，你就懂得要買了。同理，如果你看到大盤急跌，趕快去看反1本身的5分K，這時應該已經大於80，趕快賣了，落袋為安。當然，不一定要看到大於80才賣，有賺就好。

[How]
正2反1
怎麼買? ——03

# 用反1
# 來爲0050解套

　　這一篇就是「如果早知道」的最佳範本,因爲我2015年套牢300張的時候,如果這樣做,早就解套了。爲什麼沒有這樣做,一來不知道大盤會跌這麼多,二來也沒有太多錢可以拿去買反1。

　　2015年指數最高點在10014點,我不可能套在這個地方,但確實在當年6月買的0050就開始套牢了。當年6月最高點是9692點,跌到8月24日股災當天最低點7203點,跌幅是25.68%。同一期間,反1從最低價18.19元漲到股災當天最高價23.84元,漲幅是31.06%。

　　我當時套牢約2000萬元,平均成本在66元左右,以股災當天最低價55.4元計算,虧損16%,如果加上買進反1的獲利31%,不是早就解套,還再賺15%嗎?但這個計算有一個最大的盲點,就

是我必須同樣用2000萬元去買反1，才有這個結果，而且誰有那麼大的能耐，可以完全把所有的漲幅都賺到？況且當時我根本連100萬元都沒有，怎麼靠反1快速解套呢？不過，這仍不失爲一個0050一旦套牢時，可以考慮的「積極」作爲。

不過，你嫌麻煩，也不想爲此而焦慮，就「消極」地等解套亦無不可。以我套牢的情形爲例，加上當年的2元配息，持股成本已降到64元，到隔年2016年3月也解套了。

有一次演講時，一位非常聰明的聽衆提出一個很專業的問題：「可不可以在買進0050的時候，同時買進反1來避險？」我認爲，他一定是在投資理財的學習上，非常用功的好學生，結果卻碰到我這個大而化之的老師。我記得我是這樣回答他的：「你買0050，爲什麼要這麼擔心？它每年都有配股息給你，又不會變壁紙。我套牢300張都不怕了，你還怕什麼？」

他聽了之後，恍然大悟。我繼續說下去：「這樣做，一定是一邊賺錢，一邊賠錢，兩相抵銷後，本來有賺，現在卻賺不多了，或是本來小賺，現在有可能卻賠了，何必如此辛苦呢？此外，0050和反1各要買多少，才能做到完全避險？否則，也只是部分避險而已。你用買進反1來避險，或許等一下有人又要問，那可不可以放空正2來避險？大家真的不要把簡單的事情複雜化了。」

　　其他聽眾聽到有人提出如此專業的問題，可能會越來越焦慮，覺得這麼專業的發問者尚且沒賺到什麼錢都還要來聽演講，自己連這種問題都沒想到，就更會認為投資理財真是一門艱深的學問。好在我用這麼淺顯的語言來回答他，大家這才鬆了一口氣。

　　0050，正2，反1之間有太多組合的策略可以設計，例如彼此的市價與淨值之間是否會出現套利的機會，再加上融資、融券的搭配，甚至都可以單獨寫成一本專書，不過這可能要交給其他理財專家或學者教授來執筆，因為這和我崇尚的「簡單投資」理念完全背道而馳。我也不希望寫一大堆讓大家看不懂的內容而萌生怯意，這絕不是我寫這本書的初衷。

# 有賺就好，及時享受，知足樂活

看到這裡，已近全書尾聲，你可能會發現我寫的四支股票比重非常懸殊，0050和0056篇幅幾乎占90%以上，而正2和反1加起來大概不到10%。明明非常簡單的0050和0056，我寫得極為詳盡，希望做到「知無不言、言無不盡」，而明明可以大書特書的正2和反1，我卻輕描淡寫，因為這就代表了我最真實的建議，以及我最核心的投資理念：「簡單」和「自在」。

最後，我想用一個網路上看來的笑話，與大家分享：

一個有錢人來到島上度假，碰到一個當地的漁夫，相談甚歡。但是，他覺得漁夫沒有遠大的志向，只求有讓家人溫飽的魚獲就好，日子過得太逍遙。

他對漁夫說：「你為什麼不買一艘好的漁船，這樣就可以抓到更多的魚。然後，把賺來的錢繼續買第二艘、第三艘漁船，雇用更多人幫你捕魚，最後你就會擁有自己的船隊。」

漁夫說：「我要船隊幹麼？」

有錢人說：「接下來，你就開一間漁產加工廠，把商品賣到全世界。」

漁夫說：「然後呢？」

有錢人說：「20年後，賺了大錢，就可以跟我一樣，到這裡來度假。」。

漁夫說：「我幹麼要等20年，我不是早就在這裡悠哉度日了嗎？」

有錢人為之語塞。

很多投資人都希望變成有錢人，努力鑽研，廢寢忘食，希望賺夠了錢，再好好享受人生。但是大部分的結果都是，你不只沒賺到錢，人生該追求的夢想也無法實現。各位讀者，我相信你們都還稱不上是有錢人，別奢望賺大錢，有賺就好，學那漁夫，及時享受，知足樂活，這才是真正的人生。

真的不要把美好的時光浪費在完全不符合「一分耕耘，一分收穫」的投資理財上，讓我們用最簡單的投資來成就美好的人生，這是我這個號稱「投資理財界的樂活大叔」給你最誠心的忠告。

# 只買 4 支股，年賺 18%

| | |
|---|---|
| 作者 | 施昇輝 |
| 商周集團榮譽發行人 | 金惟純 |
| 商周集團執行長 | 王文靜 |
| 視覺顧問 | 陳栩椿 |
| 商業周刊出版部 | |
| 總編輯 | 余幸娟 |
| 責任編輯 | 羅惠馨 |
| 封面設計 | 黃聖文 |
| 內頁設計排版 | 豐禾設計 |
| 封面攝影 | 賴建宏 |
| 出版發行 | 城邦文化事業股份有限公司 - 商業周刊 |
| 地址 | 104 台北市中山區民生東路二段 141 號 4 樓 |
| 傳真服務 | （02）2503-6989 |
| 劃撥帳號 | 50003033 |
| 戶名 | 英屬蓋曼群島商家庭傳媒股份有限公司城邦分公司 |
| 網站 | www.businessweekly.com.tw |
| 製版印刷 | 中原造像股份有限公司 |
| 總經銷 | 高見文化行銷股份有限公司 電話：0800-055365 |
| 初版一刷 | 2017 年（民 106 年）2 月 |
| 定價 | 320 元 |
| ISBN | 978-986-94226-5-9 |

國家圖書館出版品預行編目資料

只買4支股,年賺18% / 施昇輝著. -- 初版. -- 臺北
市 : 城邦商業周刊 , -- 民 106.02  面 ;　公分

978-986-94226-5-9（平裝）

1. 股票投資　2. 投資技術　3. 投資分析

563.53　　　　　　　　　1.106001852

藍學堂

學習・奇趣・輕鬆讀